HISTOIRE ANCIENNE

DE

ROLLIN.

30.

LAGNY. — Imprimerie d'A. LE BOYER et Cie.

HISTOIRE
ANCIENNE
DE
ROLLIN.

NOUVELLE ÉDITION,

ENRICHIE D'UNE NOTICE SUR ROLLIN.

TOME TRENTIÈME.

PARIS,

CHEZ PHILIPPE, LIBRAIRE,

RUE FURSTEMBERG, N° 8.

1835.

HISTOIRE ANCIENNE
DES ÉGYPTIENS,
DES CARTHAGINOIS, DES ASSYRIENS, DES BABYLONIENS, DES MÈDES ET DES PERSES,
DES MACÉDONIENS ET DES GRECS.

FIN DE L'HISTOIRE DES SUCCESSEURS D'ALEXANDRE.

Suite du § IV.

La chambre où elle le reçut était pleine des portraits de Jules-César. « Seigneur, lui dit-elle en montrant ces tableaux, voilà les images de celui qui vous a adopté pour vous faire succéder à l'empire romain, et à qui je suis redevable de ma couronne. » Puis, tirant de son sein les lettres qu'elle y avait cachées : « Voilà aussi, continua-t-elle en les baisant, les chers témoignages de son amour. » Elle en lut ensuite quelques-unes des plus tendres, accompagnant cette lecture de paroles touchantes et de regards passionnés. Mais elle employa inutilement tous ces artifices; et, soit que ses charmes n'eussent plus le pouvoir qu'ils avaient eu dans sa jeunesse, ou que l'ambition fût la passion dominante de César, il ne parut point touché de sa vue ni de son entretien, se contentant de l'exhorter à avoir bon courage, et l'assurant de ses bonnes intentions. Elle s'aperçut bien de cette froideur, dont elle tira un mauvais augure : mais dissimulant son chagrin, et changeant de discours elle remercia des complimens que Proculéius lui avait faits de sa part, et qu'il venait de lui renouveler lui-même : elle ajouta qu'en revanche elle voulait lui livrer tous les trésors des rois d'Egypte. En effet elle lui remit entre les mains un bordereau de tous ses meubles, de ses pierreries et de ses finances. Et comme Séleucus, un de ses trésoriers, qui étaient présent, lui reprocha qu'elle n'avait pas tout déclaré et qu'elle cachait et retenait une partie de ce qu'elle avait de plus précieux, outrée d'une telle insolence, elle lui donna plusieurs coups sur le visage; puis se retournant vers César : « N'est-ce pas une chose horrible, lui dit-elle, que, lorsque vous n'avez pas dédaigné de me venir voir, et que vous ayez bien voulu me onsoler dans le triste état où je me trouve, nes propres domestiques viennent m'accuser devant vous, sous prétexte que 'aurai réservé quelques bijoux de femme, non pour en orner une misérable comme noi, mais pour en faire un petit présent à Octavie votre sœur, et à Livie votre épouse, afin que leur protection attire de votre part un traitement favorable à une nfortunée princesse. »

César fut ravi de l'entendre parler ainsi, ne doutant point que ce ne fût l'amour de a vie qui lui inspirait ce langage. Il lui lit qu'elle pouvait disposer à son gré des bijoux qu'elle avait retenus; et, après l'avoir assurée, qu'il la traiterait avec plus de générosité et de magnificence qu'elle n'osait l'espérer, il se retira, pensant l'avoir trompée; et c'était lui qui l'était.

Ne doutant point que César n'eût dessein de la faire servir d'ornement à son triomphe, elle ne songea plus qu'à mourir pour éviter cette honte. Elle savait bien qu'elle était observée par les gardes qu'on lui avait donnés, qui, sous prétexte de lui faire honneur, la suivait partout, et que d'ailleurs le temps pressait, le jour du départ de César approchant. Pour le tromper encore mieux, elle le fit prier qu'elle pût aller rendre ses derniers devoirs au tombeau d'Antoine, et prendre congé de lui. César lui ayant accordé cette permission, elle s'y rendit effectivement pour baigner ce tombeau de ses larmes, et pour assurer Antoine, à qui elle adressa son discours, comme si elle l'eût eu sous les yeux, qu'elle allait bientôt lui donner une preuve plus certaine de son amour.

Après cette funeste protestation quelle accompagna de ses pleurs et de ses soupirs, elle fit couvrir le tombeau de fleurs, et revint dans sa chambre; puis elle se mit au bain, et du bain à la table, ayant ordonné qu'on lui servît un repas magnifique. Au lever de la table, elle écrivit un billet à César, et, ayant fait sortir tous ceux qui étaient dans sa chambre, excepté ses deux femmes, elle ferma la porte sur elle, se mit sur un lit de repos, et demanda une corbeille où il y avait des figues qu'un paysan venait d'apporter. Elle la mit auprès d'elle, et un moment après on la vit se coucher sur son lit, comme si elle se fût endormie. Mais c'est que l'aspic, qui était caché parmi les fruits, l'ayant piquée au bras qu'elle lui avait tendu, le venin avait aussitôt gagné le cœur, et l'avait tuée sans douleur, et sans qu'on s'en aperçût. Les gardes avaient ordre de ne rien laisser passer qui ne fût visité exactement : mais ce paysan travesti, qui était un fidèle serviteur de la reine, joua si bien son personnage, et il parut si peu d'apparence de tromperie dans un panier de fruits, que les gardes le laissèrent entrer. Ainsi toute la prévoyance de César fut inutile.

Il ne douta point de la résolution de Cléopâtre, après avoir lu le billet qu'elle lui avait écrit pour le prier de permettre que son corps fût mis auprès de celui d'Antoine dans un même tombeau ; et il dépêcha promptement deux officiers pour la prévenir. Mais, quelque diligence qu'ils pussent faire, ils la trouvèrent morte.

Cette princesse était trop fière et trop au-dessus du commun pour souffrir qu'on la menât en triomphe attachée au char du vainqueur. Déterminée à mourir, et par là devenue capable des plus féroces résolutions, elle vit d'un œil sec et tranquille couler dans ses veines le poison mortel de l'aspic.

Cléopâtre mourut à l'âge de trente-neuf ans, dont elle en avait régné vingt-deux depuis la mort de son père. Les statues d'Antoine furent abattues, et celles de Cléopâtre demeurèrent sur pied, un certain Archibius, qui avait été attaché au service de Cléopâtre, ayant donné mille talens à César afin qu'elles ne fussent pas traitées comme celles d'Antoine.

Après la mort de Cléopâtre, l'Égypte fut réduite en province romaine, et gouvernée par un préfet qu'on y envoyait de Rome. Le règne des Ptolémées en Égypte, à en placer le commencement à l'année même de la mort d'Alexandre-le-Grand, avait duré deux cent quatre-vingt-treize ans depuis l'an du monde 3681 jusqu'à l'an 3974.

CONCLUSION

de toute l'histoire ancienne.

Nous avons vu jusqu'ici, sans parler de l'ancien et premier royaume d'Égypte, et de quelques États séparés des autres et comme isolés, trois grands empires se succéder l'un à l'autre par une ruine mutuelle pendant une longue suite de siècles, et disparaître enfin entièrement à nos yeux :

empire des Babyloniens, l'empire des Mè-
es et des Perses, l'empire des Macédo-
iens et des princes grecs, successeurs
'Alexandre. Reste un quatrième empire,
'est celui des Romains, qui, ayant déja
bsorbé la plupart de ceux qui l'ont pré-
édé, étendra encore ses conquêtes; et qui
ui-même, après avoir tout soumis à son
ouvoir par la force des armes, sera dé-
hiré comme en différens morceaux, et par
e dénombrement donnera lieu à l'établis-
ement de presque tous les royaumes qui
artagent maintenant l'Asie, l'Europe et
'Afrique. Voilà, à proprement parler, un
ableau raccourci de la durée de tous les
iècles, de la gloire et de la puissance de
ous les empires de la terre, en un mot,
le tout ce que la grandeur humaine a de
plus brillant et de plus capable d'exciter
'admiration. Tout s'y trouve généralement
réuni par un heureux concours : la beauté
d'esprit et la finesse du goût, accompa-
gnées d'un solide jugement; le rare talent
de la parole porté au plus sublime degré
de perfection, sans s'écarter du naturel et
du vrai; la gloire des armes, avec celles
des arts et des sciences; la valeur dans les

conquêtes et l'habilité dans le gouvernement. Quelle foule de grands hommes d toute sorte ne se présente point à l'esprit que de puissans rois et environnés de gloire que de grands capitaines! que de fameu conquérans! que de sages magistrats! qu de savans philosophes! que d'admirable législateurs! On est enchanté de voir, dan de certains siècles et de certains pay comme privilégiés, un zèle ardent pour l justice, un vif amour de la patrie, un nobl désintéressement, un généreux mépris de richesses, et une estime de la pauvreté qu nous étonne et nous effraie, tant elle nou paraît au-dessus des forces humaines.

Voilà comme nous pensons et comm nous jugeons. Mais, pendant que nou sommes dans l'admiration et dans l'extas à la vue de tant de vertus éclatantes, l souverain juge, seul juste estimateur d toutes choses, n'y voit que petitesse, qu bassesse, que vanité, qu'orgueil; et, pendant que les hommes se donnent bien de mouvemens pour perpétuer la puissanc de leur maison, pour fonder des royaumes, et pour les éterniser si cela était possible, Dieu, du haut de son trône, renverse tous leurs projets, et fait servir leur ambition même à l'exécution de ses vues infiniment supérieures à toutes nos pensées. Lui seul connaît son œuvre et ses desseins. Tous les siècles lui sont présens ; *conspector seculorum*. Il a marqué à tous les empires leur sort et leur durée. Dans toutes ces différentes révolutions que nous avons vues, rien n'est arrivé au hasard. On sait que, sous l'image de cette statue que vit Nabuchodonosor, d'une hauteur énorme et d'un regard effrayant, dont la tête était d'or, la poitrine et les bras d'argent, le ventre et les cuisses d'airain et les jambes de fer, mais une partie des pieds de fer, et l'autre d'argile, Dieu a voulu représenter les quatre grands empires, réunissant en eux, comme la suite de cette histoire nous l'a fait voir, tout ce qu'il y a d'éclat, de grandeur, de force, de puissance. Que faut-il au Tout-Puissant pour renverser ce formidable colosse, pour le briser et le réduire en poudre? « Une petite pierre qui, d'elle-même, et sans la main d'aucun homme, se détachant de la montagne, ira frapper ce colosse au pied. Alors le fer, l'argile, l'airain, l'argent et l'or se briseront tous ensemble, et deviendront comme la menue paille que le vent emporte hors de l'aire pendant l'été, et ils disparaîtront sans qu'il s'en trouve plus rien en aucun lieu ; mais la pierre qui avait frappé la statue deviendra une grande montagne qui remplira toute la terre. »

Nous voyons de nos yeux l'accomplissement de cette admirable prophétie de Daniel, du moins pour une partie. Jésus-Christ, descendu du ciel pour s'incarner dans le sein sacré de la sainte Vierge sans aucun secours humain. Le caractère qui domine dans sa personne, dans ses parens, dans son extérieur, dans sa manière d'enseigner, dans ses disciples, en un mot, dans tout ce qui l'environnait, était la simplicité, la pauvreté, l'humilité, qui fut si extrême, qu'elle cacha aux yeux des Juifs orgueilleux l'éclat divin de ses miracles quelque brillant qu'il fût, et aux yeux du démon même, si perçans et si attentifs, les preuves sensibles de sa divinité.

Malgré cette faiblesse, et cette bassesse même apparente, Jésus-Christ fera certainement la conquête de tout l'univers. C'est sous cette idée qu'un prophète nous le représente : *Exivit vicens ut vinceret.* Son œuvre et sa mission est de « former ici à son père un royaume qui ne sera jamais détruit, un royaume qui ne passera point dans un autre peuple, » comme ceux dont jusqu'ici nous avons vu l'histoire, « qui renversera et qui réduira en poudre tous ces royaumes, et qui subsistera éterternellement. »

Le pouvoir accordé à Jésus-Christ fondateur de cet empire est sans borne, sans mesure et sans fin. Les rois qui se glorifient tant dans leur puissance, n'ont rien qui approche tant soit peu de celle de Jésus-Christ. Ils ne dominent point sur les volontés des hommes, ce qui est proprement régner. Leurs sujets peuvent penser tout ce qu'ils veulent indépendamment d'eux. Il y a une infinité d'actions particulières qui ne se font point par leur ordre, et qui échappent à leur connaissance aussi bien qu'à leur pouvoir. Leurs desseins avortent et s'évanouissent, souvent de leur vivant même. Toute leur grandeur au moins disparaît et périt avec eux. Il n'en est pas ainsi de Jésus-Christ. « Toute puissance lui a été donnée dans le ciel et dans la terre. » C'est principalement sur les esprits et sur les cœurs qu'il l'exerce. Rien ne se fait que par son ordre ou par sa permission. Tout est réglé par sa sagesse et par sa puissance. Tout coopère directement ou indirectement à l'accomplissement de ses desseins.

Pendant que tout est en mouvement sur la terre, que les États et les empires passent avec une rapidité incroyable, et que les hommes eux-mêmes, vainement occupés de ce spectacle extérieur, sont entraînés aussi par ce torrent sans presque s'en apercevoir, il se passe en secret un ordre de choses inconnu et invisibles, qui décide néanmoins de notre sort pour l'éternité. La durée des siècles n'a pour but que la formation du corps des élus. Il s'augmente et se perfectionne tous les jours. Quand il aura reçu son parfait accomplissement par la mort du dernier des élus, « alors viendra la fin et la consommation de toutes choses, lorsque *Jésus-Christ* aura remis son royaume à Dieu son père, et qu'il aura détruit tout empire, toute domination et toute puissance. » Puissions-nous tous avoir part à cet heureux royaume, qui a pour loi la vérité, pour roi la charité, et pour durée l'éternité! *Fiat, fiat!*

LIVRE VINGT-TROISIÈME.

FIN DE L'HISTOIRE
DE
SYRACUSE.

Ce vingt-troisième livre contient la fin de l'histoire de Syracuse. Il peut se diviser en trois parties. La première renferme le long règne d'Hiéron II; la seconde, le court règne d'Hiéronyme son petit-fils, les troubles de Syracuse qui en furent la suite, le siège et la prise de cette ville par Marcellus; la troisième enfin, un precis abrégé de l'histoire de Syracuse, avec quelques réflexions sur le gouvernement et le caractère des Syracusains, et sur Archimède.

ARTICLE PREMIER.

§ I. Hiéron II descendait de la famille de Gélon, qui avait autrefois régné à Syracuse. (Av. J.-C. 304.) Comme sa mère était d'une condition servile, Hiérocle, son père, selon la barbare coutume de ces temps-là, le fit exposer peu de temps après sa naissance, croyant que cet enfant déshonorerait la noblesse de sa race. Si l'on en croit le récit fabuleux de Justin, des abeilles le nourrirent pendant plusieurs jours. L'oracle ayant déclaré que cet évènement singulier était un présage assuré de sa future grandeur, Hiérocle le fit reporter à son logis, et l'éleva avec tous les soins possibles.

L'enfant tira de cette éducation tout le fruit qu'on en pouvait attendre. Il se distingua dans la suite entre tous ses égaux par son adresse dans tous les exercices militaires, et par son courage dans les combats. Il mérita l'estime de Pyrrhus, et reçut de sa main plusieurs récompenses. Il était beau de visage, d'une grande taille et d'une complexion robuste. Il faisait paraître beaucoup de douceur et d'honnêteté dans les conversations, de justice dans le maniement des affaires, de modération dans le commandement; de sorte qu'il ne lui manquait que la qualité de roi, en ayant déja toutes les vertus.

La dissension s'étant mise entre les citoyens de Syracuse et leurs troupes, celles-ci, qui étaient dans le voisinage, élevèrent Artémidore et Hiéron au souverain commandement, ce qui renfermait toute l'autorité civile et militaire. Le dernier était alors âgé de trente ans, mais d'une prudence et d'une maturité qui annonçaient un grand roi. Honoré du commandement, il entra dans la ville par le moyen de quelques amis, et ayant su gagner ceux qui étaient d'un parti contraire, et qui ne cherchaient qu'à brouiller, il se conduisit avec tant de sagesse et de grandeur d'âme, que les Syracusains, quoique très mécontens de la liberté que s'étaient donnée les soldats de faire une élection qui n'était pas de leur compétence, ne laissèrent pas de lui conférer d'un consentement unanime le titre et le pouvoir de souverain commandant.

Dès ses premières démarches, il fut aisé de juger que le nouveau magistrat aspirait à quelque chose de plus qu'à cette charge. En effet, voyant qu'à peine les troupes étaient sorties de la ville, que Syracuse était troublée par des esprits séditieux et amateurs de la nouveauté, il sentit de quelle importance il était qu'en son absence et en celle de l'armée, il pût compter sur quelqu'un qui retînt la bourgeoisie dans le devoir. Leptine lui parut fort propre pour ce ministère. Il avait beaucoup de gens dévoués à ses intérêts, et un grand crédit auprès du peuple. Hiéron se l'attacha pour toujours en épousant sa fille, et par cette même alliance il assura la tranquillité publique pour les temps où il serait obligé de s'éloigner de Syracuse, et de marcher à la tête des armées.

Un autre coup de politique bien plus hardi, mais bien moins légitime, le mit en sûreté et en repos pour toujours. Il avait tout à craindre de la part des soldats étrangers, esprits remuans et mal intentionnés, sans respect pour les commandans, sans affection pour un État dont ils ne faisaient point partie, uniquement occupés du désir de dominer ou d'amasser de l'argent, et toujours préparés à la révolte; qui, ayant été assez hardis pour s'arroger par l'élection des magistrats un droit qui ne leur appartenait point, étaient capables, sur le moindre mécontentement, de tout entreprendre contre lui-même. Il comprit aisément qu'il n'en serait jamais le maître, parce qu'ils étaient trop bien unis; que s'il entreprenait de punir les plus coupables, leur châtiment ne manquerait pas d'irriter le reste; et que l'unique moyen de faire cesser les troubles, était d'exterminer entièrement cette milice factieuse, dont la licence et l'esprit de rébellion ne pouvaient que corrompre les autres, et les porter à de pernicieux excès. Trompé par un faux zèle et un amour aveugle du bien public, et touché vivement aussi par la vue des dangers auxquels il serait exposé à tout moment, il crut devoir en venir, pour le salut de la patrie et pour sa propre sûreté, à cette dure et fâcheuse extrémité, qui était contraire à son caractère aussi bien qu'à l'équité, mais qui lui parut nécessaire dans la conjoncture présente. Il se mit donc en campagne sous prétexte d'attaquer les Mamertins. Quand il fut arrivé à la vue des ennemis, il partagea son armée en deux : posta d'un côté les soldats qui étaient Syracusains, et de l'autre ceux qui ne l'étaient pas. Il se mit à la tête des premiers comme pour faire une attaque, et laissa les autres exposés aux Mamertins qui les taillèrent tous en pièces ; après quoi il retourna tranquillement à Syracuse avec les troupes de la ville.

L'armée ainsi purgée de tout ce qui pouvait y causer des troubles et des séditions, il leva par lui-même un nombre suffisant de nouvelles troupes, et remplit ensuite paisiblement les devoirs de sa charge. Les Mamertins, fiers de leurs premiers succès, se répandant dans la campagne il marcha contre eux avec les troupes Syracusaines qu'il avait bien armées et bien aguerries, et leur livra bataille dans la plaine de Myle. Une grande partie des ennemis resta sur la place, et les généraux furent faits prisonniers. A son retour, il fut déclaré roi par tous les citoyens de Syracuse, et ensuite par tous les alliés. Il s'était passé sept ans depuis qu'il avait été élevé à la suprême magistrature.

Il serait difficile de justifier la manière dont il y monta. Soit qu'il eût mis lui-même les soldats étrangers en mouvement, ce qui paraît assez vraisemblable ; soit qu'il se fût prêté simplement à leur zèle, c'était une infidélité criminelle contre sa patrie et contre l'autorité publique, à laquelle il donnait une mortelle atteinte par son exemple. Il est vrai que l'irrégularité de son entrée dans les charges fut un peu corrigée par le consentement que le peuple et les alliés y donnèrent après coup. Mais peut-on dire que, dans de telles conjonctures, ce consentement fut parfaitement libre? Pour son élection à la royauté, elle n'eut rien de forcé. Si son ambition secrète y eut quelque part, cette faute fut bien réparée par la manière sage et désintéressée dont il s'y conduisit pendant la longue durée de son règne et de sa vie.

La perte de la bataille dont nous avons parlé, dérangea entièrement les affaires des Mamertins. Les uns eurent recours aux Carthaginois, auxquels ils livrèrent leur citadelle : les autres résolurent d'abandonner la ville aux Romains, et les firent prier de venir à leur secours. C'est ce qui donna lieu à la première guerre punique, comme je l'ai exposé ailleurs.

Appius Claudius consul se mit en mer pour aller au secours des Mamertins. Ne pouvant passer le détroit de Messine occupé par les Carthaginois, il fit mine d'abandonner cette entreprise, et de retourner du côté de Rome avec tout ce qu'il avait de troupes de débarquement. Sur cette nouvelle, les ennemis qui bloquaient Messine du côté de la mer, s'étant retirés comme s'il n'y avait plus rien à craindre, Appius revira de bord, et passa sans danger.

Les Mamertins ayant, partie par menace, partie par surprise, chassé de la citadelle l'officier qui y commandait de la part des Carthaginois, appelèrent Appius, et lui ouvrirent les portes de la ville. Peu de temps après les Carthaginois en formèrent le siège, et firent un traité d'alliance avec Hiéron, qui joignit ses troupes aux leurs. Le consul romain prit le parti de donner bataille, et attaqua premièrement les Syracusains. Le combat fut rude. Hiéron montra tout le courage possible, mais ne put résister à la valeur des Romains, et fut obligé de céder, et de se retirer à Syracuse. Claudius, ayant remporté une semblable victoire sur les Carthaginois, se vit maître de la campagne, s'avança jusqu'à Syracuse, et songea même à l'assiéger.

La nouvelle des heureux succès d'Appius dans la Sicile étant arrivée à Rome, y répandit une grande joie. Pour en profiter, on crût devoir faire de nouveaux efforts. Les deux consuls qu'on venait de nommer Manius-Otacilius et Manius-Valérius, eurent ordre de passer en Sicile. A leur arrivée, plusieurs villes des Carthaginois et des Syracusains se rendirent à discrétion.

La consternation de la Sicile, jointe au nombre et à la force des légions romaines, fit concevoir à Hiéron quel serait le succès de la guerre qui commençait. Ce prince reconnut qu'il pouvait compter sur une amitié plus fidèle et plus constante de la part des Romains. Il savait que les Carthaginois n'avaient pas renoncé au dessein qu'ils avaient formé anciennement d'envahir toute la Sicile; et, s'ils se rendaient maîtres de Messine, il sentait bien que sa puissance ne tiendrait à rien avec des voisins si dangereux et si redoutables. Il ne vit point d'autre expédient pour conserver son royaume, que de laisser les Carthaginois aux prises avec les Romains, bien assuré que la guerre serait longue et opiniâtre entre ces deux républiques égales en force, et que, tant qu'elles seraient aux mains, il n'avait point à craindre d'être oprimé ni par l'une ni par l'autre. Il envoya donc aux consuls des embassadeurs pour traiter de paix et d'alliance. On n'eut garde de refuser leurs offres. On craignait trop que les Carthaginois tenant la mer ne fermassent tous les passages pour les vivres : crainte d'autant mieux fondée que les premières troupes qui avaient traversé le détroit, avaient beaucoup souffert de la disette. Une alliance avec Hiéron mettait de ce côté-là les légions en sûreté. On y donnait d'abord les mains. Les conditions furent que le roi rendrait aux Romains sans rançon ce qu'il avait fait de prisonniers sur eux, et qu'il leur paierait cent talens d'argent.

Depuis ce temps, Hiéron ne vit plus la guerre dans ses Etats. Il n'y prit d'autre part que d'envoyer dans l'occasion des secours aux Romains. Du reste il régna en roi qui ne cherche et n'ambitionne que l'estime et l'amour de ses sujets. Jamais prince ne s'est rendu plus recommandable et n'a joui plus long-temps des fruits de sa sagesse et de sa prudence. Pendant plus de cinquante ans qu'il vécut après avoir été nommé roi, tout étant en feu autour de lui par les cruelles guerres que se firent les deux plus puissans peuples du monde, il fut asssez prudent et assez heureux pour n'en être que simple spectateur, et pour entendre seulement le bruit des armes qui ébranlait toutes les régions voisines, se conservant lui et son peuple dans une paix profonde.

Les Romains sentirent en plus d'une occasion pendant la première guerre punique, et surtout dans le siège d'Agrigente qui en fut comme l'ouverture, de quel secours était pour eux l'alliance faite avec Hiéron, qui leur fournit abondamment des vivres dans des temps où l'armée romaine, sans lui, aurait été exposée à une extrême disette.

L'intervalle entre la fin de la première guerre punique et le commencement de la seconde, qui est environ de vingt-cinq ans, fut pour Hiéron un temps de paix et de tranquillité, pendant lequel il est peu parlé des actions de ce prince.

Polybe seulement nous apprend que les

Carthaginois, dans la fâcheuse guerre qu'ils eurent à essuyer contre les étrangers ou mercenaires, qui fut appelée la guerre d'Afrique, se voyant extrêmement pressés, eurent recours à leurs alliés, et surtout au roi Hiéron, qui leur accorda tout ce qu'ils demandaient de lui. Ce prince comprit que pour se maintenir en Sicile, il était de son intérêt que les Carthaginois eussent le dessus dans cette guerre, de peur que, si les étrangers qui avaient déja remporté plusieurs avantages contre les Carthaginois, venaient à prévaloir entièrement, ils ne trouvassent plus d'obstables à leurs projets, et qu'ils ne songeassent à porter leurs armes victorieuses dans la Sicile. Peut-être aussi, comme il était excellent politique, crut-il devoir se tenir en garde contre la trop grande puissance des Romains, qui seraient devenus maîtres absolus, si les Carthaginois eussent succombé dans la guerre contre les révoltés.

Hiéron ne s'appliqua, pendant ce long intervalle de paix, qu'à rendre ses sujets heureux, et à réparer les maux que l'injuste gouvernement d'Agathocle qui l'avait précédé de quelques années, et les discordes intestines qui en furent la suite, leur avaient causés : digne occupation d'un roi. Il y avait dans le caractère des Syracusains de la légèreté et de l'inconstance, qui leur faisait prendre souvent des partis excessifs et violens : mais dans le fond ils avaient de la douceur et de l'équité, et n'étaient point ennemis d'une soumission juste et raisonnable. La preuve en est que, lorsqu'on les gouvernait avec modération et sagesse, comme fit Timoléon, ils respectaient l'autorité des lois et des magistrats, et leur obéissaient avec joie.

Hiéron, dès qu'il était entré en charge, et qu'on lui eût confié la première magistrature, avait montré combien il détestait la malheureuse politique des tyrans, qui, regardant les citoyens comme leurs ennemis, ne songeaient qu'à les affaiblir et à les intimider, et donnaient toute leur confiance aux soldats étrangers dont ils étaient toujours environnés. Il commença par mettre les armes entre les mains des citoyens, les forma avec soin aux exercices de la guerre, et les employa préférablement à tous les autres.

§ II. Quand Hiéron fut arrivé à la souveraine autorité, sa grande application fut de bien persuader à ses sujets, moins par des paroles que par sa conduite, qu'il était infiniment éloigné de vouloir donner la moindre atteinte ni à leurs biens, ni à leur liberté. Il songea, non à s'en faire craindre, mais à s'en faire aimer. Il se regarda moins comme leur maître que comme leur protecteur et leur père. Avant son règne, l'Etat avait été partagé en deux factions, celle des citoyens et celle des soldats, dont les différens, soutenus de part et d'autre avec beaucoup d'animosité, avaient causé des maux infinis. Il s'appliqua à en éteindre tous les restes, et à arracher des esprits jusqu'aux moindres semences de division et de mésintelligence. Il paraît qu'il y réussit merveilleusement, puisque pendant un règne de plus de cinquante ans on ne voit point qu'aucune sédition ni aucune révolte se soit élevée à Syracuse, et en ait troublé le repos.

Ce qui contribua sans doute le plus à conserver cette tranquillité, fut le soin particulier que prit Hiéron de tenir ses sujets fort occupés; de bannir de ses Etats l'oisiveté et la fainéantise, mère de tous les vices, et source ordinaire de séditions : d'entretenir et d'augmenter la fertilité naturelle du pays, et de mettre en honneur l'agriculture, ce qu'il regardait comme un moyen sûr de rendre ses peuples heureux, et de répandre l'abondance dans son royaume. En effet, la culture des terres, outre qu'elle occupe et met en mouvement une infinité de mains, qui sans cela demeureraient oisives et engourdies, attire dans un pays, par la traite des grains, les richesses des peuples voisins, et les fait couler dans les maisons des particuliers par un commerce qui se renouvelle tous les ans, et qui est le fruit légitime de leur travail et de leur industrie. C'est ici, et l'on ne peut trop le répéter, un des principaux soins d'un sage gouvernement, et une des parties les plus essentielles d'une bonne et saine politique, mais qui malheureusement est trop négligée.

Hiéron s'y appliqua entièrement. Il ne jugea pas indigne de la royauté d'étudier par lui-même et d'approfondir toutes les règles de l'agriculture. Il se donna même la peine de composer sur cette matière des livres, dont la perte doit être bien regrettée. Mais il envisagea cet objet d'une manière encore plus digne d'un roi. Le blé faisait la principale richesse du pays et le fonds le plus assuré des revenus du prince. Il crut donc que c'était là une affaire capitale, qui demandait toute son application et tous ses soins. Pour établir un bon ordre dans ce commerce, pour assurer et rendre heureuse la condition des laboureurs qui composaient la plus nombreuse partie de l'Etat, pour fixer les droits du prince qui en tirait son principal revenu, pour obvier aux désordres qui pourraient s'y glisser, et pour prévenir les injustes vexations qu'on s'efforcerait peut-être dans la suite d'y introduire, Hiéron fit des règlemens si sages, si raisonnables, si pleins d'équité, si conformes en même temps aux intérêts du peuple et à ceux du prince, qu'ils devinrent comme le code du pays, et furent toujours observés inviolablement comme une loi sacrée, non-seulement sous son règne, mais dans tous les temps qui suivirent. Quand les Romains eurent réduit sous leur pouvoir la ville et les états de Syracuse, ils ne lui imposèrent point de nouveaux tributs, et

oulurent que toutes choses fussent tou-
ours réglées selon *les lois d'Hiéron*, afin
ue les Syracusains, en changeant de maî-
e, eussent la consolation de ne point
hanger de règlement, et de se voir con-
uits encore en quelque sorte par un prince
ont le nom seul leur était toujours fort
her, et leur rendait ces lois infiniment res-
pectables.

J'ai dit qu'en Sicile, le blé faisait un des
rincipaux revenus du prince : on lui en
ayait la dîme, c'est-à-dire la dixième par-
e. Ainsi il avait intérêt que le pays fût
ien cultivé, que toutes les terres fussent
ises en valeur, et qu'elles rapportassent
eaucoup, puisque son revenu augmen-
it à proportion de la fertilité des terres.
eux qui ramassaient cette dîme pour le
rince, laquelle lui était payée en nature
non en argent, s'appelaient *Decumani*,
rmiers des dîmes. Hiéron, dans les règle-
ens qu'il fit sur ce sujet, ne négligea pas
s intérêts, et cela est d'un prince sage et
onome. Il savait qu'il est toujours à
aindre que les gens de la campagne, qui
gardent souvent comme un joug insup-
ortable les impôts les plus légitimes et les

plus modérés, ne soient tentés de frauder les droits du prince. Pour leur épargner cette tentation, il prit des précautions si justes et si exactes, que, soit que le blé fût encore en épi, ou dans l'aire pour être battu, ou qu'il fût serré dans les greniers, ou qu'on en fît le transport, il n'était pas possible au laboureur d'en rien détourner, ni de frauder le fermier d'un seul grain, sans s'exposer à une très grande punition. C'est Cicéron qui entre dans ce détail. Mais il ajoute aussitôt qu'Hiéron avait pris les mêmes précautions contre l'avidité des fermiers, à qui il n'était pas possible non plus de rien extorquer des laboureurs au delà de la dîme. Il paraît qu'Hiéron ne voulait pas que, sous quelque prétexte que ce fût, on tirât les laboureurs de leur demeure. En effet, dit Cicéron en invectivant contre Verrès qui les fatiguait par de fréquens et de pénibles voyages, il est bien triste et bien fâcheux de tirer de pauvres laboureurs de leur campagne à la ville, de leur charrue au barreau, du soin de cultiver les terres à celui de poursuivre un procès. *Miserum atque iniquum, ex agro homines traduci in forum, ab arat l subsellia, ab usu rerum rusticarum ad solitam litem atque judicium.* Et d'ail- urs peuvent-ils se flatter, quelque bon oit qu'ils aient, qu'on leur rendra justice ı préjudice des fermiers? *Judicio ut ara- r decumanum persequatur?*

Est-il un plus grand éloge d'un roi, que que l'on voit ici? Hiéron pouvait entre- rendre des guerres, car il ne manquait as de courage; gagner des batailles, faire es conquêtes, étendre les bornes de ses tats. A ces conditions il passerait pour n héros dans l'esprit de la plupart des ommes. De combien d'impôts aurait-il allu charger les peuples! combien de la- oureurs aurait-il fallu arracher de leurs erres! combien de sang en aurait-il coûté our remporter ces victoires! et de quelle tilité eussent-elles été pour l'Etat? Hié- on, qui savait en quoi consiste la solide loire, mit la sienne à gouverner sagement on peuple, et à le rendre heureux. Au ieu de conquérir de nouveaux pays par la orce des armes, il chercha à multiplier le ien en quelque sorte par la culture des erres, en les rendant plus fertiles qu'elles ı'étaient, et à multiplier réellement son peuple, ce qui fait la véritable force et la véritable richesse d'un Etat, et qui ne peut manquer d'arriver quand les gens de la campagne tirent un fruit raisonnable de leur travail.

Ce fut dans la seconde guerre punique qu'Hiéron donna des preuves éclatantes de son attachement aux Romains. Dès qu'il eut appris l'arrivé d'Annibal dans l'Italie, il alla avec sa flotte tout équipée au-devant de Tib. Sempronius qui était arrivé à Messine, pour offrir ses services au consul, et l'assurer que dans l'âge avancé où il était, il ferait paraître le même zèle pour les intérêts du peuple romain, qu'il avait montré autrefois encore tout jeune dans la première guerre contre les Carthaginois. Il se chargea de fournir gratuitement du blé et des habits aux légions du consul, et aux troupes des alliés. Sur la nouvelle qu'on reçut dans le moment de l'avantage remporté par la flotte romaine sur celle des Carthaginois, le consul remercia le roi de ses offres avantageuses, et n'en fit point alors usage.

La fidélité inviolable d'Hiéron pour les Romains, qui est son caractère le plus narqué, parut encore avec plus d'éclat près leur défaite près du lac de Trasymène. Ils avaient déjà perdu trois batailles ontre Annibal, toujours plus malheureuses et plus sanglantes les unes que les utres. Hieron, dans cette triste conjoncure, envoya au port d'Ostie une flotte hargée de vivres. Les ambassadeurs de yracuse, ayant été introduits dans le sénat, irent : « qu'Hiéron leur maître avait été ussi vivement touché de la dernière disrace qui leur était arrivée, qui si elle lui ût été propre et personnelle; que quoiu'il sût bien que la grandeur du peuple omain était presque plus admirable dans es temps d'adversité que dans les heureux uccès, il leur avait envoyé tous les seours qu'on pouvait attendre de bons et dèles alliés, et il priait instamment le énat de vouloir bien les accepter; que réalablement à tout ils apportaient une Victoire d'or de trois cents livres pesant : u'ils daignassent la recevoir comme un ugure favorable, et comme un gage des œux que le roi faisait pour leur prospéité; qu'ils avaient aussi voituré avec eux rois cent mille boisseaux de froment, et deux cent mille d'orge; et que si le peuple romain en désirait une plus grande quantité, Hiéron en ferait transporter autant qu'il voudrait, et dans les lieux qu'il désignerait; qu'il savait que le peuple romain n'employait dans ses armées que des citoyens et des alliés; mais qu'il avait vu dans leur camp des étrangers armés à la légère; que par cette raison il leur avait envoyé mille hommes, tant archers que frondeurs, afin qu'ils pussent les opposer aux Baléares et aux Maures de l'armée d'Annibal. » Ils ajoutaient à ce discours un conseil fort salutaire, qui était, « que le préteur qui viendrait commander en Sicile, fît passer une flotte en Afrique, afin de susciter des affaires aux Carthaginois dans leur propre pays, et de les mettre hors d'état, par cette diversion, d'envoyer des secours à Annibal. »

Le sénat répondit aux ambassadeurs du roi en des termes fort obligeans et fort honorables : « qu'Hiéron agissait en prince très généreux, et en allié très-fidèle; que depuis qu'il avait contracté alliance avec les Romains, son attachement pour eux s'était toujours soutenu sans interruption enfin, qu'en tout temps et en tout lieu il les avait puissamment et magnifiquement secourus; que le peuple romain était sensible comme il le devait à une telle générosité; que quelques villes d'Italie avaient déja présenté de l'or au peuple romain, qui, après avoir marqué sa reconnaissance, n'avait pas cru devoir l'accepter; que la Victoire était d'un augure trop favorable, pour ne pas la recevoir; qu'il la placerait dans le Capitole, c'est-à-dire dans le temple du grand Jupiter, afin qu'elle s'y établît une demeure stable et permanente. » On remit aux consuls tout le blé et l'orge dont la flotte était chargée, avec les archers et les frondeurs.

Valère Maxime fait remarquer ici la noble et prudente libéralité d'Hiéron, d'abord dans le généreux dessein qu'il forme de faire aux Romains un présent qui montait à trois cent vingt livres pesant d'or: puis dans l'industrieuse précaution qu'il prend pour prévenir et empêcher leur refus. Il ne leur offre point cet or en espèces monnoyées, il connaissait trop pour cela l'extrême délicatesse du peuple romain; mais sous la figure d'une Victoire, qu'ils n'oseraient pas refuser à cause du bon augure qu'elle semblait porter avec elle.

Il est beau de voir un prince, dont les Etats étaient situés comme l'était Syracuse par rapport à Carthage de qui elle avait tout à craindre, dans des conjonctures où Rome paraissait près de sa ruine, lui demeurer constamment fidèle, et se déclarer hautement pour ses intérêts, malgré tous les dangers auxquels l'exposait une démarche aussi hardie. Une politique plus prudente, pour parler le langage ordinaire, aurait peut-être attendu le succès d'une nouvelle action, et ne se serait pas si fort hâtée de se déclarer sans nécessité, et avec un danger extrême. De tels exemples sont d'autant plus estimables, qu'ils sont rares et presque inouïs.

Je ne sais pourtant si, en bonne politique même, Hiéron ne devait pas se conduire comme il le fit. Le plus grand de tous les malheurs pour Syracuse, était que les Carthaginois abattissent ou même affaiblissent trop les Romains. Elle aurait été d'abord opprimée par Carthage, située vis-à-vis, et à qui elle convenait pour affermir son commerce, pour s'assurer l'empire de la mer, pour s'établir solidement dans la icile, et s'emparer de l'île entière. Il eût onc été imprudent de laisser succomber es alliés et de les abandonner lâchement ıx Carthaginois, qui, par cet abandon orcé, n'en seraient pas devenus meilleurs nis des Syracusains. C'était un coup désif d'accourir promptement au secours es Romains : et puisque Syracuse périssait écessairement après Rome, il fallait tout isquer pour sauver Rome, ou périr avec lle.

Si les faits que nous a conservés l'histoire 'un règne si long et si heureux sont en etit nombre, ils ne nous donnent pas noins grande idée de ce prince, et nous loivent faire extrêmement regretter de n'aoir pas un récit détaillé de ses actions.

La somme de cent talent (cent mille écus) qu'il envoya aux Rhodiens, et les résens qu'il leur fit après ce grand tremblement de terre qui avait ravagé leur île et renversé leur colosse, sont des marques illustres de sa libéralité et de sa magnificence. La modestie qui accompagna ses présens en relève infiniment le prix. Il fit elever dans la place publique des Rhodiens deux statues, qui représentaient le peuple de Syracuse mettant une couronne sur la tête du peuple de Rhodes : comme si, dit Polybe, Hiéron, après avoir fait de si magnifiques présens aux Rhodiens loin d'en tirer vanité, eût cru leur demeurer lui-même redevable. En effet, un roi qui fait du bien à des étrangers, est avantageusement récompensé de sa libéralité par le plaisir qu'elle lui cause à lui-même, et par la gloire qu'elle lui procure.

On a une idylle de Théocrite (c'est la XVI) qui porte le nom du roi dont nous parlons, où ce poète semble reprocher tacitement à ce prince de mal payer les vers qu'on faisait en son honneur. Mais la manière basse dont il mendie en quelque sorte une récompense pour les vers qu'il médite, donne lieu de juger que le reproche d'avarice tombe bien plus justement sur le poète, que sur le prince, connu et recommandable, comme nous venons de le voir, par ses libéralités.

C'est au bon goût et à l'attention singulière d'Hiéron pour tout ce qui concernait le bien public, que Syracuse fut redevable de ces étonnantes machines de guerre, dont nous verrons bientôt qu'elle fit un si grand

sage, lorsqu'elle fut assiégée par les Ro-
nains. Quoique ce prince parût tout oc-
upé des soins de la paix et de l'intérieur
u royaume, il ne négligea point ceux
e la guerre, persuadé que le plus sûr
noyen de conserver la tranquillité de ses
tats était de se tenir toujours prêt à faire
guerre aux voisins injustes qui tente-
aient de la troubler. Il sut profiter de l'a-
antage qu'il avait de posséder dans ses
tats le plus savant géomètre qui fût dans
univers : on voit bien que je veux parler
u fameux Archimède. Il était illustre,
on-seulement par sa grande habileté dans
géométrie, mais par sa naissance, puis-
u'il était parent d'Hiéron. Uniquement
ensible aux plaisirs de l'esprit, et plein
e dégoût pour le tumulte des affaires et
u gouvernement, il s'était livré tout en-
ier à l'étude d'une science dont les spécu-
ations sublimes sur des vérités purement
ntelligibles et spirituelles, et tout-à-fait
éparées de la matière, ont un attrait pour
es savans du premier ordre, qui ne leur
aisse presque pas la liberté de s'appliquer
aucun autre objet.

Hiéron eut pourtant assez de pouvoir
ur Archimède, pour l'engager à descen-

dre de ces hautes spéculations à l'exercice de cette mécanique qui dépend de la main, mais qui est conduite par l'esprit. Il le pressait sans cesse de ne pas toujours donner l'essor à son art vers des objets immatériels et intelligibles, de le rabaisser sur les choses sensibles et corporelles, et de rendre ses raisonnemens en quelque façon plus évidens et plus palpables au commun des hommes, en les mêlant par l'expérience avec les choses d'usage.

§ III. Archimède entretenait souvent le roi, qui l'écoutait toujours avec une grande attention et un extrême plaisir. Un jour qu'il lui expliquait les merveilleux effets des forces mouvantes, il s'appliqua à lui démontrer « qu'avec une force donnée on pouvait remuer quelque fardeau que ce fût. » S'applaudissant ensuite de la force de sa démonstration, il osa se vanter que, s'il avait une autre terre que celle que nous habitons, il remuerait celle-ci à sa fantaisie en passant dans l'autre. Le roi, étonné et ravi, le pria d'exécuter lui-même sa proposition en remuant quelque grand fardeau avec une petite force.

Archimède se met en devoir de satis-

ire la juste et raisonnable curiosité de
on parent et de son ami. Il choisit une
es galères qui étaient dans le port, la fait
rer à terre avec beaucoup de travail et à
orce d'hommes, y fait mettre sa charge
rdinaire, et par-dessus sa charge autant
'hommes qu'elle en peut tenir; ensuite,
e mettant à quelque distance, assis à son
ise, sans travail, sans le moindre effort,
n remuant seulement de la main le bout
'une machine à plusieurs cordes et pou-
es qu'il avait préparée, il ramena la ga-
ère à lui par terre aussi doucement et
ussi uniment que si elle n'eût fait que
endre les flots.

Le roi, à la vue d'un si prodigieux effet
les forces mouvantes, était tout hors de
ui; et, jugeant par cet essai de la puis-
ance de cet art, il pria instamment Archimède de lui faire plusieurs sortes de
machines et de batteries pour les sièges et
pour les assauts, tant pour la défense que
pour l'attaque des places.

On demande quelquefois si les sublimes
connaissances dont nous parlons convien-
nent à un roi, et si l'étude des arts et des
sciences doit faire partie de l'éducation

d'un jeune prince. Ce que nous lisons ici en montre l'utilité. Si le roi Hiéron eût été sans goût et sans curiosité, et qu'il ne se fût occupé que de ses plaisirs, Archimède serait demeuré tranquille dans son cabinet, et toutes ses rares connaissances n'auraient été d'aucune utilité pour ses sujets. Combien de trésors de science demeurent ensevelis dans les ténèbres, et enfouis pour ainsi dire en terre, parce que les princes ne font aucun cas des savans, et les regardent comme des hommes inutiles à l'État. Mais lorsque, dans leur jeunesse, ils ont pris une légère teinture des arts et des sciences, car c'est où se doit borner l'étude des princes sur ce point, ils font cas de ceux qui s'y distinguent, ils s'entretiennent quelquefois avec eux, ils les mettent en honneur, et, par cette glorieuse protection, ils donnent lieu à de précieuses découvertes, dont l'État se ressent utilement. Syracuse eut cette obligation à son roi; et ce fut sans doute l'effet de l'excellente éducation qu'il avait reçue; car il fut élevé avec grand soin.

Ce qui a été dit jusqu'ici d'Archimède, et bien plus encore ce qui sera bientôt dit

ces admirables machines de guerre qui
ont employées au siège de Syracuse,
ntre quel tort on aurait de mépriser
sciences sublimes et spéculatives, qui
s'occupent que de rapports abstraits et
dées simples. Il est vrai que toutes les
éculations de géométrie pure ou d'algè-
e ne s'appliquent pas à des choses utiles :
is il est vrai aussi que la plupart de
les qui ne s'y appliquent pas conduisent
tiennent à celles qui s'y appliquent.
es peuvent paraître infructueuses tant
'elles ne sortent point, pour ainsi dire,
ce monde intellectuel; mais les mathé-
tiques mixtes, qui descendent à la ma-
re, et qui considèrent les mouvemens
s astres, la parfaite connaissance de la
vigation, l'art de rapprocher les objets
ignés par le moyen du télescope, l'aug-
ntation des forces mouvantes, la jus-
se et l'exactitude du nivellement, et
utres pareils objets, deviennent d'un
mmerce plus accessible, et se familiari-
t en quelque sorte avec le vulgaire. Le
vail d'Archimède fut long-temps obscur,
peut-être méprisé, parce qu'il se ren-
maît dans de simples et de stériles spé-

culations. Devait-on conclure de là qu'il était inutile et infructueux? C'est de ce fonds même de connaissances ensevelies jusque là dans les ténèbres, que partirent tout d'un coup de vives lumières et de merveilleuses découvertes, brillantes dès leur naissance d'une utilité sensible et palpable, qui fit l'étonnement et le désespoir des Romains qui assiégeaient la ville.

Hiéron était grand et magnifique en tout dans la construction des palais, des arsenaux, des temples. Il fit bâtir un nombre infini de vaisseaux de toutes sortes de grandeurs pour le transport des blés, commerce qui faisait presque seul toute la richesse de l'île. On parle d'une galère bâtie par son ordre sous la direction d'Archimède, qui a été l'un des plus fameux bâtimens de l'antiquité. On fut un an entier à l'construire. Hiéron passa lui-même les journées entières parmi les ouvriers, pour les animer par sa présence.

Le navire était à vingt rangs de rames. Cette masse énorme fut affermie de tous côtés avec de gros clous de cuivre, qui pesaient dix livres et plus.

Le dedans avait trois corridors, dont le

us bas conduisait au fond de cale, où
on descendait par des degrés; un autre
nduisait aux appartemens: le premier
le plus haut menait au logement des
ldats.

Au corridor du milieu, on trouvait à
roite et à gauche des appartemens: au
ombre de trente, dans chacun desquels
y avait qnatre lits pour des hommes.
'appartement des patrons et des matelots
vait quinze lits, et trois salles à manger,
ans la dernière desquelles, qui était à la
oupe, on faisait la cuisine. Tous les pa-
és de ces appartemens étaient composés
e petites pièces rapportées de différentes
ouleurs, où étaient représentées l'Illiade
'Homère. Les planchers, les fenêtres, et
out le reste, étaient travaillés avec un art
erveilleux, et embellis de toutes sortes
'ornemens.

Au plus haut corridor, il y avait un
ymnase, c'est-à-dire un lieu d'exercice,
t des promenades proportionnées à la
randeur du navire. On voyait là des jar-
ins et des plantes de toutes espèces, d'un
rrangement merveilleux. Des tuyaux,
s uns de terre cuite, les autres de plomb,

portaient l'eau tout autour pour les arro ser. On y voyait outre cela des berceau de lierre blanc et de vigne, dont les raci nes étaient dans de grands tonneaux plein de terre. Ces tonneaux étaient arrosés d la même manière que les jardins. Les ber ceaux faisaient ombre aux promenades.

Ensuite on trouvait l'appartement d Vénus à trois lits, dont le pavé était com posé d'agates et d'autres pierres précieuse les plus belles qu'on avait pu trouver dan l'île. Les murailles et le toit étaient de boi de cyprès. Les fenêtres étaient ornées d'i voire, de peintures et de petites statues Dans un autre appartement il y avait un bibliothèque, au haut de laquelle en de hors on avait placé un cadran solaire.

Il y avait aussi un appartement à troi lits pour le bain, où se voyaient troi grandes chaudières d'airain, et une bai gnoire faite d'une seule pierre de différen tes couleurs. La baignoire contenait deu cent cinquante pintes. A la proue était u grand réservoir d'eau, qui contenait cen mille pintes.

Tout autour du navire on voyait en dehors des atlas de six coudées (neuf pied de haut, qui soutenaient les hauts bords : ces atlas étaient à une égale distance les uns des autres. Le navire était orné tout autour de peintures. On y voyait huit tours, proportionnées à sa grosseur : deux à la poupe, deux d'égale grandeur à la proue, et quatre au milieu du vaisseau. Sur ces tours étaient des parapets, par lesquels on pouvait jeter des pierres sur les vaisseaux ennemis qui auraient trop approché. Chaque tour était gardée par quatre jeunes hommes armés de pied en cap, et par deux archers. Tout le dedans des tours était plein de pierres et de traits.

Sur le bord du vaisseau bien planchéié était une espèce de rempart, sur lequel était une machine à jeter des pierres, faite par Archimède : elle jetait une pierre du poids de trois cents livres, et une flèche de douze coudées (dix-huit pieds) à la distance d'un stade, c'est-à-dire à cent vingt-cinq pas de là.

Le navire avait trois mâts, à chacun desquels étaient deux machines chargées de pierres. Là étaient aussi des crocs et des masses de plomb, pour jeter sur ceux qui approcheraient. Tout le navire était en vironné d'un rempart de fer, pour empêcher ceux qui voudraient venir à l'abordage. Tout autour du navire étaient disposés des corbeaux de fer, qui, étant lancés par des machines, accrochaient les vaisseaux des ennemis et les approchaient du navire, d'où on les pouvait accabler facilement. Sur chacun des bords se tenaient soixante jeunes hommes armés de pied en cap : il y en avait tout autant autour des mâts et des machines à jeter des pierres.

Quoique la sentine fût extrêmement profonde, un seul homme la vidait avec une machine à vis, inventée par Archimède. Archimède, poète athénien, fit une épigramme sur ce superbe navire. Il en fut bien payé. Hiéron lui envoya en récompense mille *medimnes* de blé, et les fit conduire jusqu'au port du Pirée. Le médimne, selon le P. Montfaucon, est une mesure de six setiers. Cette épigramme est parvenue jusqu'à nous. On connaissait alors le prix des vers à Syracuse.

Hiéron ayant appris qu'il n'y avait point de port en Sicile qui pût contenir ce vaisseau, hors quelques-uns où il ne pouvait être sans péril, résolut d'en faire présent au roi Ptolémée *, et de l'envoyer à Alexandrie. Il y avait alors disette de blé dans toute l'Égypte.

Plusieurs autres vaisseaux de charge de moindre grandeur accompagnaient ce grand navire. On mit dans ces vaisseaux soixante mille muids de blé, dix mille grands vases de terre pleins de poisson salé, vingt mille quintaux pesant de chair salée, et vingt autres mille grands fardeaux de différentes hardes, sans comprendre les vivres pour tout l'équipage.

Pour éviter une trop grande longueur, j'ai retranché quelques parties de la description qu'Athénée nous a laissée de ce grand navire. Je souhaiterais, que pour nous en donner une plus juste idée, il en eût marqué précisément toutes les dimensions. Un mot aussi ajouté sur les rangs de rames, aurait éclairci et décidé une question qui demeurera toujours obscure et douteuse.

La fidélité d'Hiéron fut mise à une épreuve bien rude après la sanglante défaite des Romains à la bataille de Cannes, qui fut suivie de la défection presque gé-

* Il y a lieu de croire que c'était Ptolémée Philadelphe.

nérale de leurs alliés. Mais le ravage même de ses terres par les troupes carthaginoises que leur flotte y avait débarquées, ne fut pas capable de l'ébranler. Il eut seulement la douleur de voir que la contagion du mauvais exemple avait pénétré jusque dans sa famille. Il avait un fils nommé Gélon, qui épousa Néréïde, fille de Pyrrhus, dont il eut plusieurs enfans, et entr'autres Hiéronyme, duquel il sera bientôt parlé. Gélon, méprisant la vieillesse de son père, et ne faisant plus de cas de l'alliance des Romains depuis leur dernière disgrace à Cannes, s'était déclaré ouvertement pour les Carthaginois. Il armait déjà la multitude, et sollicitait les alliés de Syracuse à se joindre à lui ; et peut-être aurait-il causé du trouble dans la Sicile, si une mort prompte et imprévue n'avait rompu ses mesures. Elle survint si à propos, qu'elle laissa quelque soupçon que le père l'avait avancée. Il ne survécu pas long-temps à son fils, et mourut à l'âge de quatre-vingt-dix ans, infiniment regretté des peuples. Il avait régné cinquante-quatre ans.

ARTICLE II.

§ I. La mort d'Hiéron causa de grandes

évolutions dans la Sicile. Le royaume était ombé entre les mains d'Hiéronyme, son etit-fils, jeune prince incapable d'user sagement de la liberté, loin de pouvoir résister à la séduction de la puissance souveraine. La crainte qu'avait Hiéron que le bon état où il laissait son royaume ne changeât bientôt sous un roi enfant, lui fit naître la pensée et le désir de rendre la liberté aux Syracusains. Mais ses deux filles s'opposèrent de tout leur crédit à ce dessein, dans l'espérance que le jeune prince n'aurait que le titre de roi, et qu'elles en auraient toute l'autorité avec leurs maris Andranodore et Zoïppe, qui tiendraient le premier rang entre ses tuteurs. Il n'était pas aisé à un vieillard nonagénaire, de tenir contre les caresses et les artifices de ces deux femmes qui l'obsédaient jour et nuit, de conserver la liberté de son esprit au milieu de leurs insinuations pressantes et assidues, et de sacrifier avec courage l'intérêt de sa famille à celui du public.

Pour prévenir, autant qu'il lui était possible, les maux qu'il prévoyait, ils lui nomma quinze tuteurs qui devaient former son conseil, et les pria instamment en mourant de ne jamais se départir de l'alliance avec les Romains, à laquelle il avait été inviolablement attaché pendant cinquante ans, et d'apprendre au jeune prince, leur pupille, à marcher sur ses traces, et à suivre les principes dans lesquels il avait été élevé jusque là.

Le roi étant mort après ces dispositions, les tuteurs qu'il avait nommés à son petit-fils convoquèrent aussitôt l'assemblée, présentèrent le jeune prince au peuple, et firent lecture du testament. Un petit nombre de gens, apostés exprès pour y applaudir, battirent des mains, et jetèrent des cris de joie. Tout le reste, dans une consternation égale à celle d'une famille à qui la mort vient d'enlever un bon père, garda un morne silence, qui marquait assez et leur douleur de la perte qu'ils venaient de faire, et leurs craintes pour l'avenir. On fit ensuite ses funérailles, qui furent plus honorées par les regrets et les larmes de ses sujets, que par les soins et le respect de ses proches pour sa mémoire.

Le premier soin d'Andranodore fut d'écarter tous les autres tuteurs, en disant hautement que le prince était en âge de gouverner par lui-même.

l avait alors près de quinze ans. Ainsi émettant le premier de la tutelle qui lui t commune avec plusieurs collègues, éunit dans sa seule personne tout leur ıvoir. Les dispositions les plus sages des nces mourans sont souvent peu respec- s après leur mort, et rarement exécu- s.

Le meilleur prince du monde, le plus déré, succédant à un roi aussi chéri ses sujets que l'avait été Hiéron, aurait bien de la peine à les consoler de la te qu'ils venaient de faire. Mais, comme Hiéronyme eût cherché par ses vices à faire encore plus regretter, il ne fut pas tôt monté sur le trône, qu'il fit connaî- combien toutes choses étaient changées. le roi Hiéron, ni Gélon son fils, pen- nt tant d'années, ne s'étaient jamais dis- gués des autres citoyens par leur habil- nent ni par aucun ornement qui sentît faste. Ici l'on vit paraître tout d'un coup éronyme revêtu de pourpre, le front int du diadème, environné d'une troupe gardes armés. Quelquefois même il af- tait d'imiter Denys le tyran, en sortant mme lui du palais sur un char attelé de quatre chevaux blancs. Tout le reste répondait à cet équipage : un mépris marqué de tout le monde, des oreilles fières et dédaigneuses, une affectation à ne dire que des choses désobligeantes, un abord difficile, et qui le rendait presque inaccessible, non-seulement aux étrangers, mais à ses tuteurs mêmes; un raffinement pour trouver de nouvelles débauches, une cruauté qui allait jusqu'à éteindre en lui tout sentiment d'humanité. Ce caractère odieux du jeune roi jeta une si grande frayeur dans les esprits, que quelques-uns de ses tuteurs, pour se dérober à sa cruauté, se donnèrent eux-mêmes la mort ou se condamnèrent à un exil volontaire.

Trois hommes seulement, Andranodore et Zoïppe, tous deux gendres d'Hiéron, et un certain Thrason, avaient les entrées plus libres auprès du jeune roi. Il les écoutait peu sur tout le reste; mais comme les deux premiers étaient ouvertement déclarés pour les Carthaginois, et le troisième pour les Romains, cette différence de sentimens, et les disputes souvent très vives qui en étaient la suite, attiraient sur eux l'attention du prince.

l arriva, à peu près dans ce temps-là, on découvrit une conjuration contre vie d'Hiéroyme. On dénonça un des icipaux conjurés, nommé Théodote. liqué à la question, il avoua le crime r lui-même; mais la violence dés suppes les plus cruels ne fut pas capable de faire trahir ses complices. Enfin, ime s'il eût cédé à la force des touris, il chargea les meilleurs amis du roi ique innocens, entre lesquels il nomma ason, comme le chef de toute l'enprise, ajoutant qu'ils n'auraient eu de de s'y engager, s'ils n'avaient eu à r tête un homme de son crédit. La leur que celui-ci avait toujours fait aître pour la cause des Romains rendit dice vraisemblable. Ainsi il fut puni mort. Aucun des complices, pendant on faisait souffrir la torture à leurs compgnon, ne prit la fuite ou ne se cacha, it ils comptaient sur le courage et sur la élité de Théodote, et tant celui-ci avait force pour tenir ce secret caché.

La mort de Thrason, qui était le n et le nœud de l'alliance avec les Roins, laissa le champ libre aux partisans des Carthaginois. Hiéronyme envoya des ambassadeurs à Annibal qui lui envoya à son tour un jeune Carthaginois d'illustre naissance, nommé Annibal comme lui, avec Hippocrate et Épycide, natifs de Carthage, mais originaires de Syracuse par leur père. Après le traité conclu avec Hiéronyme, le jeune officier retourna vers son général : les deux autres demeurèrent auprès du roi avec la permission d'Annibal. Les conditions du traité étaient, qu'après qu'ils auraient chassé les Romains de la Sicile, sur quoi ils comptaient certainement, le fleuve Himéra, qui partage presque toute l'île, séparerait la province des Carthaginois de son royaume. Hiéronyme, enflé des louanges de ses flatteurs, demanda même, quelque temps après, qu'on lui cédât toute la Sicile, laissant aux Carthaginois pour leur part l'Italie. La proposition parut folle et téméraire; mais Annibal y fit peu d'attention, ne songeant qu'à tirer le jeune roi du parti des Romains.

Sur le premier bruit de ce traité, Appius, préteur de Sicile, envoya des ambassadeurs à Hiéronyme, pour renouveler l'alliance que les Romains avaient eue avec son aïeul. Ce prince orgueilleux les reçut avec beaucoup de mépris, leur demandant, d'un ton railleur et insultant ce qui s'était passé à la journée de Cannes; que les ambassadeurs d'Annibal en racontaient des choses incroyables; qu'il était bien aise d'en avoir la vérité par leur bouche, afin de se déterminer sur le choix de ses alliés; les Romains lui répondirent qu'il reviendraient vers lui, quand il aurait appris à recevoir sérieusement des ambassadeurs; et, après l'avoir averti plutôt que prié, de ne point changer témérairement de parti, ils se retirèrent.

Enfin sa cruauté, et les autres vices auxquels ils se livraient aveuglément, lui attirèrent une fin malheureuse. Ceux qui avaient formé la conspiration dont il a été parlé suivirent leur plan, et ayant une occasion favorable d'exécuter leur entreprise, le tuèrent dans un voyage qu'il faisait de Syracuse au pays et dans la ville des Léontins.

On voit ici sensiblement la différence qu'il y a entre un roi et un tyran, et que ce ne sont point les armes et les gardes qui mettent un prince en sûreté, mais l'affection des sujets. Hiéron, persuadé que ceux qui ont dans les mains les lois pour gouverner les peuples, doivent toujours se gouverner eux-mêmes par les lois, se conduisait de telle sorte, qu'on pouvait dire que c'était la loi et non le roi qui régnait. Il ne se croyait riche et puissant que pour faire du bien, et pour rendre les autres heureux. Il n'avait pas besoin de se précautionner pour la sûreté de sa vie : il avait toujours autour de lui la plus sûre garde, qui est l'amour des peuples, et Syracuse ne craignait rien tant que de le perdre. Aussi sa mort fut pleurée comme celle du père commun de l'État. Les bouches, et encore plus les cœurs, long-temps après, étaient remplis de son nom, et ne cessaient de bénir sa mémoire. Hiéronyme au contraire, qui n'avait d'autre règle que la violence, qui regardait tous les autres hommes comme nés uniquement pour lui, qui se piquait de commander non à des sujets, mais à des esclaves, menait la vie du monde la plus triste, si c'est vivre que de passer ses jours dans des frayeurs continuelles. Comme il ne se fiait à personne, personne ne pouvait se fier à lui. Ceux qui approchaient le plus près de sa personne étaient les plus exposés à ses soupçons et à sa cruauté; et ils crurent ne pouvoir mettre leur vie en sûreté qu'en finissant la sienne. Voilà où se termina un règne très court, mais rempli de désordre, d'injustices et de violences.

Appius qui prévoyait les suites de cette mort donna avis de tout au sénat, et prit toutes les précautions nécessaires pour conserver la partie de la Sicile qui appartenait aux Romains. Ceux-ci, de leur côté, voyant qu'ils s'élevait dans la Sicile une guerre qui pouvait devenir importante, y firent passer Marcellus, qui avait été nommé consul avec Fabius au commencement de la cinquième année de la seconde guerre punique, et qui s'était rendu si illustre par les succès qu'il avait eus contre Annibal.

Au moment qu'Hiéronyme fut tué, les soldats, moins par affection que par un certain respect naturel pour les rois, songèrent d'abord à venger sa mort sur les conjurés; mais le doux nom de la liberté dont on les flatta, l'espérance qu'on leur donna de leur distribuer l'argent du tyran et de leur payer une meilleure solde, et le récit de ses crimes affreux et de ses honteuses débauches, tout cela apaisa leur première chaleur, et changea tellement leurs dispositions, qu'ils laissèrent sans sépulture le corps de ce prince, dont ils venaient de témoigner un si vif regret quelques momens auparavant.

Dès qu'on eut appris à Syracuse la mort d'Hiéronyme, Audranodore s'empara de l'île qui était une des parties de la ville, de la citadelle, et d'autres endroits propres à s'y défendre, et il y mit de bonnes garnisons. Théodote et Sosis, chefs de la conspiration, ayant laissé leurs complices à l'armée pour contenir les soldats, arrivèrent à la ville bientôt après : ils se rendirent maîtres du quartier d'Achradine, où, en montrant au peuple la robe sanglante du tyran avec son diadème, et l'exhortant à prendre les armes pour défendre sa liberté, ils se virent bientôt à la tête d'une nombreuse multitude.

Toute la ville était en confusion. Le lendemain à la pointe du jour, tout le peuple tant armé que sans armes, accourt à l'Achradine où se tenait le sénat, qui depuis la mort d'Hiéron n'avait été ni assemblé, ni consulté sur aucune affaire. Polyène, l'un des sénateurs, parla au peuple avec beaucoup de liberté et de modération. Il leur représenta, « que connaissant par expérience les indignités et les misères de la servitude, ils en étaient vivement frappés ; mais que pour ce qui est des maux que la discorde civile entraîne après elle, ils en avaient plutôt entendu parler à leurs pères, qu'ils n'en étaient instruits par eux-mêmes : qu'il les louait d'avoir pris promptement les armes, et qu'il les louerait encore davantage, s'ils ne s'en servaient que dans la dernière nécessité ; que pour le présent, il était d'avis d'envoyer des députés à Andranodore, pour lui déclarer qu'il eût à se soumettre au sénat, à ouvrir les portes de l'île, et à en retirer sa garnison ; que s'il persistait dans son usurpation, il fallait le traiter plus rigoureusement encore qu'on n'avait fait à Hiéronyme. »

Cette ambassade fit d'abord impression sur son esprit, soit qu'il conservât encore quelque respect pour le sénat, et qu'il fût

touché du consentement général de
citoyens ; soit que la partie de l'île la
mieux fortifiée, qui lui avait été enlevé
par trahison et livrée aux Syracusains
lui donnât de l'inquiétude ; mais sa femme
Démarate, fille d'Hiéron, princesse fière
et ambitieuse, l'ayant tiré à part, le fi
souvenir de cette parole célèbre de Deny
le tyran : « *Qu'il ne fallait point descendre du trône qu'on en fût arraché par les pieds*,
qu'on peuvait en un moment renoncer à
une grande fortune, mais qu'il en coûtait
beaucoup de temps et de peine pour y
parvenir ; qu'il devait donc tâcher de gagner du temps, et pendant qu'il amuserait
le sénat par des réponses ambiguës, négocier sous main avec les soldats qui étaient
à Léonce, qu'il lui serait aisé de s'attacher
par l'appât des trésors du roi dont il était
en possession. »

Andranodore ne rejeta pas entièrement ces conseils, et ne crut pas devoir aussi les suivre sans réserve : il prit un milieu ; il promit de se soumettre au sénat, en attendant que l'occasion devînt plus favorable ; et le lendemain, ayant ouvert les portes de l'île dès le matin, il se rendit à l'Achradine : et là, après s'être excusé devant le peuple de son délai et de sa résistance sur la crainte qu'il avait eue qu'on ne l'enveloppât, comme oncle du tyran dans sa punition, il déclara qu'il venait remettre sa personne et ses intérêts entre les mains du sénat. Puis se retournant vers les meurtriers du tyran, et apostrophant Théodote et Sosis : « Vous avez, leur dit-il, fait une mémorable action ; mais, croyez-moi, votre gloire n'est que commencée, et n'est point encore parvenue à son comble. Si vous ne songez à établir la paix et la concorde parmi les citoyens, la république court grand risque d'expirer et de périr dans le moment même qu'elle commence à goûter les doux fruits de la liberté. » Après ce discours, il mit à leurs pieds les clés de l'île et des trésors du roi. La joie se répandit dans toute la ville, et les temples furent remplis, pendant tout ce jour, d'une foule infinie de peuple, qui allait remercier les dieux de cet heureux changement.

Le jour suivant, le sénat s'étant assemblé selon l'ancienne coutume, on créa des magistrats, parmi lesquels on nomma Andranodore des premiers, avec Théodote et Sosis, et quelques autres conjurés qui étaient absens.

D'un autre côté, Hippocrate et Epicyde qu'Hiéronyme avait envoyés à la tête d'un corps de dix mille hommes, pour tenter d'exciter du trouble dans les villes qui tenaient pour les Romains, se voyant, à la nouvelle de la mort du tyran, abandonnés des soldats qu'ils commandaient, s'en revinrent à Syracuse, où ils demandèrent une escorte pour retourner sûrement auprès d'Annibal, n'ayant plus rien à faire en Sicile depuis la mort de celui à qui ce général les avait envoyés. On n'était pas fâché de se délivrer de ces deux étrangers, dont l'esprit était inquiet et remuant, et qui avaient beaucoup d'expérience dans la guerre. Il est dans la plupart des affaires un moment décisif, qui ne revient point quand on l'a manqué. La négligence qu'on apporta à régler le temps de leur départ, leur donna lieu de s'insinuer dans l'esprit des soldats qui les estimaient à cause de leur habileté, et de les indisposer contre le sénat et contre les citoyens les mieux intentionnés.

Andranodore, à qui l'ambition de sa femme ne donnait point de repos, et qui jusque là avait usé de dissimulation pour mieux couvrir ses desseins, croyant qu'il était temps de les faire éclore, conspira avec Thémiste, gendre de Gélon, pour s'emparer de la royauté. Il communiqua ses vues à un comédien, nommé Ariston, pour qui il n'avait rien de caché. Cette profession n'avait rien de déshonorant chez les Grecs, et était exercée par des gens d'une condition honnête. Ariston, se croyant obligé, comme il l'était en effet, de sacrifier son ami à sa patrie, découvrit la conspiration. Andranodore et Thémiste sont tués aussitôt par l'ordre des autres magistrats en entrant dans le sénat. Le peuple se soulève, et menace de venger leur mort. Mais on l'effraie, en jetant les cadavres des deux conjurés hors du sénat. Puis on l'instruit de leurs mauvais desseins auxquels on attribue tous les maux de la Sicile, plutôt qu'à la méchanceté d'Hiéronyme, qui, n'étant qu'un enfant, ne s'était conduit que par leurs conseils. On fait remarquer que ses tuteurs et ses maîtres avaient régné sous son nom; qu'ils auraient dû être exterminés avant Hiéronyme, ou du moins avec lui; que l'impunité les avai poussés à de nouveaux crimes, et les avai portés à aspirer à la tyrannie; que n'ayan pu y réussir par la force, ils avaient employé la dissimulation et la perfidie; qu'o n'avait pu vaincre à force de graces et d faveurs la mauvaise volonté d'Andrano dore, en le nommant à la première magis trature parmi les libérateurs de la patrie lui qui était l'ennemi déclaré de la liberté qu'au reste, cette ambition de régner leu avait été inspirée par les princesses du sang royal qu'ils avaient épousées, l'un fille d'Hiéron, et l'autre fille de Gélon.

A cette parole, il s'élève un cri de tout l'assemblée qu'il n'en faut laisser vivre aucune, et qu'il faut exterminer entièremen la race des tyrans, sans qu'il en reste de trace. Tel est le caractère de la multitude : ou elle se livre bassement à l'esclavage, ou elle domine avec insolence. Mais par rapport à la liberté, qui tient le milieu entre ces deux excès, elle ne sait ni s'en passer, ni en user; et il ne se trouve que trop de flatteurs toujours prêts à entrer dans ses passions, à enflammer sa colère, et à la ousser aux dernières violences et aux us barbares cruautés; à quoi elle n'est ja que trop portée par elle-même. C'est qui arriva pour lors. Sur la requête des agistrats, qui fut presque plutôt acceptée ie proposée, on ordonna que la race yale serait entièrement détruite.

On tue d'abord Démarate, fille d'Hién, et Harmonie, fille de Gélon, mariées, première à Andranodore, et la seconde Thémiste. De là on va à la maison d'Héclée, femme de Zoïppe, qui, ayant été ivoyé en ambassade vers Ptolémée, roi Egypte, y était resté volontairement en xil pour ne pas être témoin des maux de i patrie. Avertie qu'on allait venir à elle, ette infortunée princesse s'était réfugiée vec ses deux filles dans le lieu le plus retiré e sa maison vers ses dieux pénates. Là, uand les assassins furent arrivés, les cheeux épars, le visage baigné de larmes, et ans l'état le plus propre à exciter la comassion, elle les conjura d'une voix tremlante et entrecoupée de soupirs, au nom l'Hiéron son père et de son frère Gélon, de ne pas envelopper une princesse inocente dans le crime et dans les malheurs d'Hiéronyme. Elle leur représenta qu'elle n'avait tiré d'autre fruit du règne de ce prince, que l'exil de son mari : que n'ayant point eu de part à la fortune ni aux desseins criminels de sa sœur Démarate, elle n'en devait point avoir à son châtiment : que pouvait-on craindre au reste ou d'elle même dans l'état d'abandon et presque de viduité où elle était réduite, ou de ses filles malheureuses orphelines sans appui et sans crédit? Que si la race royale était devenue si odieuse qu'on ne pût en souffrir la vue à Syracuse, on pouvait les reléguer à Alexandrie, et rejoindre la femme à son mari, les filles à leur père. » Quand elle les vit inflexibles à ses remontrances, oubliant ce qui la regardait, elle les pria de vouloir au moins sauver la vie aux princesses ses filles, toutes deux d'un âge qui inspire la compassion aux ennemis les plus transportés de fureur. Elle ne gagna rien sur l'esprit de ces barbares. L'ayant arrachée comme d'entre les bras de ses dieux pénates, ils la percèrent de coups sous les yeux de ses deux filles, et les égorgèrent aussitôt elles-mêmes, déja teintes et couvertes du sang de leur mère. Ce 'il y eut de plus triste dans leur destinée, est qu'immédiatement après leur mort, vint un ordre du peuple qui leur sau-it la vie.

De la compassion le peuple passa en un oment à des sentimens de colère et de reur contre ceux qui avaient si fort essé l'exécution, sans laisser de lieu à réflexion ni au repentir. Il demande l'on nomme des magistrats en la place Andranodore et de Thémiste. On hésite ng-temps sur ce choix. Enfin quelqu'un la foule du peuple nomme au hasard picyde, un autre nomme aussitôt Hip-ocrate. Ces deux hommes sont demandés rec tant d'ardeur par la multitude com-osée de citoyens et de soldats, que le nat ne peut empêcher qu'ils ne soient éés.

Les nouveaux magistrats ne découvri-ent pas d'abord le dessein qu'ils avaient e remettre Syracuse dans les intérêts 'Annibal. Mais ils voyaient avec peine les émarches qu'on avait déja faites avant u'ils fussent en charge : car, aussitôt le établissement de la liberté, on avait en-oyé des ambassadeurs à Appius, pour proposer le renouvellement de l'allian qu'Hiéronyme avait rompue. Celui-ci l' avait adressés à Marcellus, qui vena d'arriver en Sicile avec une autorité supé rieure à la sienne. Marcellus en envoya son tour aux magistrats de Syracuse, pou traiter de la paix.

Ils trouvèrent, en y arrivant, l'état de choses bien changé. Hippocrate et Epi cyde, d'abord par de sourdes menées puis par des plaintes ouvertes, avaient in spiré à tout le monde une grande aversio pour les Romains, en faisant entendr qu'on songeait à leur livrer Syracuse. L vue d'Appius, qui s'était approché d l'entrée du port avec ses vaisseaux pou encourager ceux du parti romain, fortifi de nouveau ces soupçons et ces accusa- tions, de sorte que la multitude couru tumultuairement pour empêcher les Ro mains de mettre pied à terre, suppos qu'ils en eussent le dessein.

Dans ce trouble et cette confusion, on jugea à propos de convoquer l'assemblée du peuple. Les avis y étant fort partagés et la chaleur des disputes faisant craindre quelque sédition, Apollonide, un des rincipaux du sénat, tint un discours fort onvenable à l'état présent des affaires. Il t voir que jamais ville n'avait été plus rès ou de sa perte ou de son salut, que était actuellement Syracuse; que si tous, 'un consentement unanime, se rangeaient u du côté des Romains, ou du côté des larthaginois, leur état serait heureux; ue s'ils se partageaient de sentimens, la uerre ne serait ni plus vive ni plus dauereuse entre les Romains et les Carthagiois, qu'entre les Syracusains même divisés les uns contre les autres, chaque parti levant avoir, dans l'enceinte des mêmes nurailles, ses troupes, ses armées et ses énéraux; qu'il fallait donc travailler uniquement à convenir tous ensemble et à se éunir : et que de savoir laquelle des deux lliances était la plus utile, ce n'était pas naintenant la question la plus importante; qu'au reste pour le choix des alliés, l'autoité d'Hiéron semblait devoir l'emporter ur celle d'Hiéronyme, et que l'amitié des Romains, connue par une heureuse expéience de cinquante années, paraissait préérable à celle des Carthaginois, sur laquelle on ne pouvait trop compter pour le présent, et dont on s'était trouvé fort mal par le passé. » Il ajoutait un dernier motif qui n'était pas indifférent : « c'est qu'en se déclarant contre les Romains, ils auraient dans le moment la guerre sur les bras, au lieu que, de la part de Carthage, le danger était plus éloigné. »

Moins ce discours parut passionné, plus il eut d'effet. On voulut avoir l'avis des différens corps de l'Etat, et l'on pria les principaux officiers des troupes, tant de la ville qu'étrangers, de conférer ensemble. L'affaire fut discutée long-temps et avec beaucoup de vivacité. Enfin, comme on ne voyait pas de moyen présent de soutenir la guerre contre les Romains, on conclut la paix, et on leur envoya des ambassadeurs pour terminer l'affaire.

Peu de jours après cette résolution prise, les Léontins envoyèrent demander du secours à Syracuse, pour défendre leurs frontières. Cette députation parut venir fort à propos, pour décharger la ville d'une multitude inquiète et turbulente, et pour éloigner leurs chefs non moins dangereux. On fit partir quatre mille hommes sous le commandement d'Hippocrate, dont on était bien aise de se défaire, et qui ne fut point fâché lui-même de cette occasion qu'on lui donnait de brouiller; car il n'y fut pas plutôt arrivé, qu'il pilla les frontières de la province romaine, et tailla en pièces une troupe qu'Appius avait envoyée pour les défendre. Marcellus se plaint aux Syracusains de cet acte d'hostilité, et demande qu'on chasse de la Sicile cet étranger avec son frère Epicyde, qui, s'étant venu rendre en même temps dans la ville des Léontins, tâchait d'en brouiller les habitans avec ceux de Syracuse, en les exhortant à se mettre en liberté aussi bien que les Syracusains. La ville des Léontins était de la dépendance de Syracuse: mais elle prétendait ici secouer le joug, et agir indépendamment des Syracusains, comme une ville pleinement libre. Lors donc que ceux de Syracuse envoyèrent aux Léontins faire des plaintes des hostilités commises contre les Romains, et demander qu'on chassât les deux frères Carthaginois qui en étaient les auteurs, les Léontins leur répondirent qu'ils ne les avaient pas chargés de faire la paix pour eux avec les Romains.

Les députés de Syracuse rapportèrent à

Marcellus cette réponse des Léontins dont ils ne disposaient plus, lui laissant la liberté de leur déclarer la guerre, sans que cela portât aucun préjudice au traité qu'ils avaient fait ensemble. Il marcha aussitôt contre Léonce, dont il se rendit maître à la première attaque. Hippocrate et Epicyde prirent la fuite. On fit main basse sur tout ce qui se trouva de déserteurs, dont le nombre montait bien à deux mille : mais, depuis que la ville fut prise, on ne toucha à aucun des Léontins ni des autres soldats; on leur rendit même tout ce qui leur appartenait, à l'exception de ce que le premier tumulte d'une ville prise d'assaut avait fait périr.

Huit mille hommes, que les magistrats de Syracuse envoyaient au secours de Marcellus, rencontrent en chemin un homme qui leur fait un récit infidèle de ce qui s'est passé à la prise de Léonce, exagérant par une malice affectée, la cruauté des Romains, qu'il assurait, contre la vérité, avoir fait passer au fil de l'épée tous les habitans, aussi bien que les troupes qui y avaient envoyées de Syracuse.

Ce mensonge artificieux, qu'ils n'approondirent point autrement, leur donne de la compassion pour leurs compagnons. Ils témoignèrent leur indignation par leur murmure. Hippocrate et Épicyde, qui étaient déja connus de ces troupes, se présentent à elles précisément dans ce moment de trouble et de tumulte, et prennent le parti de se mettre sous leur protection, n'ayant point d'autre ressource. Ils sont reçus avec joie et applaudissement. Le bruit se porte jusqu'à la queue de l'armée, où étaient les commandans Dinomène et Sosis. Ceux-ci apprennent la cause du tumulte, accourent, blâment les soldats d'avoir reçu au milieu d'eux Hippocrate et Epicyde, ennemis de la patrie, et ordonnent qu'on les arrête et qu'on les lie. Les soldats s'y opposent avec de grandes menaces. Ces deux généraux envoient à Syracuse, pour informer le sénat de ce qui se passe.

Cependant l'armée s'avance vers Mégare, et rencontre sur sa route un homme aposté par Hippocrate, et chargé d'une lettre qui paraissait être écrite par les magistrats de Syracuse à Marcellus. Ils le louaient du carnage qu'il avait fait à Léonce, et l'exhortaient à faire le même traitement à tous les soldats mercenaires, pour rendre enfin la liberté à Syracuse. La lecture de cette lettre supposée soulève les mercenaires, dont ce corps était presque entièrement composé. Ils veulent se jeter sur le peu de Syracusains qui s'y trouvent. Hippocrate et Épicyde empêchent cette violence, non par un sentiment de miséricorde ou d'humanité, mais pour ne pas perdre entièrement l'espérance qu'ils avaient de rentrer dans Syracuse. Ils y envoient un homme qu'ils avaient gagné, qui y raconte le pillage de Léonce conformément à leur premier récit. Ces bruits sont écoutés favorablement de la multitude, qui s'écrie qu'il faut fermer les portes aux Romains. Hippocrate et Épicyde arrivent cependant auprès de la ville, dans laquelle ils entrent moitié par force, moitié par les intelligences qu'ils y avaient. Ils tuent les magistrats et s'emparent de la ville. Le lendemain, les esclaves sont affranchis, les prisonniers délivrés, et dans une assemblée tumultuaire Hippocrate et Épicyde mis dans les première places. Syracuse ainsi, après un court rayon de liberté, retomba dans son ancienne servitude.

§ II. Les choses étant en cet état (Av. J.-C. 214.), Marcellus crut devoir quitter le pays des Léontius pour s'avancer vers Syracuse. Lorsqu'il en fut assez proche, il envoya des députés pour faire savoir aux habitans qu'il venait pour rendre la liberté aux Syracusains, et non pour leur faire la guerre. On ne leur permit pas d'entrer dans la ville. Épicyde et Hippocrate allèrent au-devant d'eux, et, ayant entendu leurs propositions, répondirent fièrement que si les Romains songeaient à mettre le siège devant leur ville, ils s'apercevraient bientôt qu'autre chose était d'attaquer Syracuse et d'attaquer Léonce. Marcellus se détermina donc à faire l'attaque de la ville par terre et par mer : par terre du côté de l'Héxapyle, par la mer du côté de l'Achradine, dont les murs sont baignés par les flots de la mer.

Il laissa le commandement des troupes de terre à Appius, et se réserva celui de la flotte. Elle était composée de soixante galères à cinq rangs de rames, qui étaient pleines d'hommes armés d'arcs, de frondes et de dards, pour nettoyer les murailles. Il y en avait un grand nombre d'autres, chargées de toutes sortes de machines propres à l'attaque des places.

Les Romains montant à l'assaut par deux endroits, la consternation régnait dans Syracuse, par la crainte où l'on était de ne pouvoir rien opposer à une si terrible puissance et à de si grands efforts. En effet, il aurait été impossible d'y résister, sans un seul homme dont la merveilleuse industrie tint lieu de tout à Syracuse : c'était Archimède. Il avait pris soin de garnir les murs de tout ce qui était nécessaire pour une bonne défense. Dès qu'il eut commencé à faire jouer du côté de la terre ses machines, elles décochèrent contre l'infanterie toutes sortes de traits et des pierres d'une pesanteur énorme, qui volaient avec autant de bruit, de raideur et de rapidité, que rien ne pouvait soutenir ce choc; elles renversaient et écrasaient tous ceux qu'elles rencontraient, et jetaient dans tous les rangs un désordre horrible.

Marcellus ne réussissait pas mieux du côté de la mer. Archimède avait disposé des machines pour lancer des traits à quelque distance que ce fût. Quoique les

nemis fussent encore loin de la ville, il
s atteignait avec des balistes et des cata-
ltes plus grandes et plus bandées. Quand
s traits passaient au-delà, il en avait de
us petites et proportionnées à la dis-
nce : ce qui causait une si grande con-
sion parmi les Romains, qu'ils ne pou-
ient rien entreprendre.

Ce n'était pas là les plus grands dangers.
chimède avait placé derrière les murail-
s des hautes et fortes machines, qui fai-
nt tomber tout d'un coup sur les galères
grosses poutres chargées au bout d'un
ids immense, les abîmaient dans les
ts. Outre cela il faisait partir une main
fer attachée à une chaîne, par laquelle
lui qui gouvernait la machine, ayant
rapé la proue d'un vaisseau, et l'éle-
nt en l'air par le moyen du contre-poids
i retombait au-dedans des murailles,
essait le vaisseau sur la poupe, et le te-
it quelque temps en cet état : puis lâ-
ant la chaîne par le moyen d'un mouli-
t ou d'une poulie, le laissait retomber
tout son poids ou sur la proue, ou sur le
té, et souvent le submergeait entière-
ent. D'autres fois les machines ramenant

le vaisseau vers la terre avec des cordage et des crocs, après l'avoir fait pirouette long-temps, le brisaient et le fracassaient contre les pointes des rochers qui s'avançaient de dessous les murailles, et écrasaient ainsi tous ceux qui étaient dessus. A tout moment des galères enlevées et suspendues en l'air tournoyant avec rapidité présentaient un spectacle affreux, et retombant dans la mer avec tout leur équipage y étaient abîmées.

Marcellus avait préparé à grands frais des machines appelées *sambuques*, à cause de la ressemblance qu'elles avaient avec l'instrument de musique qui portait ce nom. Il avait destiné pour cet effet huit galères à cinq rangs, d'un côté desquelles on avait ôté les rames; aux unes à droite et aux autres à gauche, et qu'on avait jointes ensembles deux à deux par les côtés où il n'y avait point de rames. La machine consistait dans une échelle de la largeur de quatre pieds, laquelle dressée était aussi haute que les murailles. On la couchait de son long sur les côtés des deux galères jointes ensembles, de sorte qu'elle passait de beaucoup les éperons: et au haut des mâts de ces galères on mettait des poulies et des cordes. Quand on devait la mettre en œuvre, on attachait les cordes à l'extrémité de la machine, et des gens de dessus la poupe l'élevaient par le moyen des poulies : d'autres sur la proue aidaient aussi à l'élever avec des leviers. Ensuite les galères étant poussées au pied de la muraille, on y appliquait ces machines. C'est sans doute ce que nous appelons un pont-levis. Le pont de la sambuque s'abattait, et servait aux assiégeans pour passer sur le mur des assiégés.

Cette machine n'eut pas l'effet qu'on en avait attendu ; comme elle était encore assez loin des murailles, Archimède lâcha contre elle un gros rocher de dix quintaux ; après celui-là un second, et un moment après un troisième, qui tous la heurtant avec un sifflement et un tonnerre épouvantables, renversèrent et brisèrent ses appuis, et donnèrent une telle secousse aux galères qui la soutenaient, qu'elles se lâchèrent et se séparèrent.

Marcellus, presque rebuté et poussé à bout, se retira avec ses galères le plus diligemment qu'il lui fut possible, et envoya donner ordre à ses troupes de terre d'en faire autant. En même temps, il assembla un conseil de guerre, où il fut résolu que dès le lendemain, avant la pointe du jour, on tâcherait de s'approcher des murailles. On espérait, par ce moyen, se mettre à l'abri des machines, qui, par le défaut d'une distance proportionnée à leur force, n'auraient plus assez de jeu.

Mais Archimède avait pourvu à tout. Il avait préparé de longue main, comme nous l'avons déja observé, des machines qui portaient à toute sorte de distance, quantité de traits proportionnés, et des bouts de poutre qui, étant fort courts, demandaient moins de temps pour les ajuster; et on tirait plus souvent. D'ailleurs il avait fait aux murailles fort près à près des trous (c'est ce qu'on appelle des meurtrières) où il avait placé des scorpions * qui, n'ayant pas beaucoup de portée, blessaient ceux qui approchaient, et n'en étaient point aperçus.

Quand les Romains eurent donc gagné

* Les scorpions étaient des machines, des espèces d'arbalètes, dont les anciens se servaient pour lancer des traits et des pierres.

e pied des murailles, pensant y être bien à couvert, ils se trouvèrent encore en butte à une infinité de traits, ou accablés de pierres qui tombaient d'en haut sur leurs têtes, n'y ayant endroit de la muraille qui ne fît pleuvoir incessamment sur eux une grêle mortelle qui tombait aplomb. Cela les obligea de se retirer en arrière. Mais ils ne furent pas plutôt éloignés, que voilà de nouveaux traits lancés sur eux dans leur retraite : de sorte qu'ils perdirent beaucoup de monde, et que presque toutes leurs galères furent froissées ou fracassées, sans qu'ils pussent rendre le moindre mal à leurs ennemis : car Archimède avait placé la plupart de ses machines à couvert derrière les murailles, de manière que les Romains, accablés d'une infinité de coups sans voir ni le lieu ni la main d'où ils partaient, semblaient proprement, dit Plutarque, se battre contre les dieux.

Marcellus, quoique poussé à bout, et ne sachant qu'opposer à ces machines qu'Archimède dressait contre lui, ne cessait pas d'en faire des plaisanteries : « Ne « cesserons-nous pas, disait-il à ses ou- « vriers et à ses ingénieurs, de faire la

« guerre à ce Briarée de géomètre, qui « maltraite ainsi mes galères et mes sambuques? Il surpasse infiniment les géans « à cent mains dont nous parle la fable, « tant il lance de traits tout d'un coup « contre nous. » Marcellus avait raison de s'en prendre au seul Archimède. Car véritablement tous les Syracusains n'étaient que comme le corps des machines et des batteries de ce grand géomètre; et lui, il était seul l'ame qui faisait mouvoir et agir tous ces ressorts. Car toutes les autres armes demeuraient oisives, il n'y avait que celles d'Archimède dont la ville se servît alors pour la défense et pour l'attaque.

Enfin Marcellus voyant les Romains si effrayés, que s'ils apercevaient seulement sur la muraille une petite corde, ou la moindre pièce de bois, ils prenaient d'abord la fuite, criant qu'Archimède allait lâcher contre eux quelque effroyable machine, il renonça à l'espérances de la pouvoir prendre en y faisant brèche, cessa toutes les attaques et laissa achever ce siège au temps en le changeant en bloeus. L'unique ressource que les Romains crurent qu'il leur restait, fut de réduire par la aim le peuple nombreux qui était dans la ville, en coupant tous les vivres qui pouvaient leur venir soit par terre, soit par mer. Pendant huit mois qu'ils battirent la ville, il n'y eut sorte de stratagèmes que l'on inventât, ni d'actions de valeur que l'on ne fit, à l'assaut près que l'on n'osa plus jamais tenter. Tant un seul homme et une seule science ont de force dans quelques occasions, quand on sait les employer à propos. Otez de Syracuse un seul vieillard, la prise de la ville est immanquable avec toutes les forces qu'ont les Romains : sa présence seule arrête et déconcerte tous leurs desseins.

On voit ici, je ne puis trop le répéter, quel intérêt ont les princes de protéger les arts, de favoriser les gens de lettres, d'animer les académies des sciences par des distinctions d'honneur, et par des récompenses solides, qui ne ruinent et n'appauvrissent jamais un état. Je mets ici à part la naissance et la noblesse d'Archimède : ce n'est pas à elle qu'il était redevable de son heureux génie ni de sa profonde science. Je ne le regarde que comme un savant, comme un habile géomètre. Quelle perte eût-ce été pour Syracuse, si pour épargner quelque dépense et quelque pension, on eût laissé un tel homme dans l'inaction et dans l'obscurité! Hiéron n'eut garde de se conduire de la sorte. Il connut tout le mérite de notre géomètre : et c'en est un grand pour les princes de connaître celui des autres. Il le mit en honneur, il en fit usage, et n'attendit pas pour cela que le besoin et la nécessité l'y forçassent; il aurait été alors trop tard. Par une sage prévoyance, vrai caractère d'un grand roi et d'un grand ministre, il prépara, dans le sein même de la paix, tout ce qui était nécessaire pour soutenir un siège, et pour faire la guerre avec succès, quoiqu'alors il n'y eût aucune apparence qu'on dût rien craindre de la part des Romains avec lesquels Syracuse était liée d'une amitié étroite. Aussi vit-on, dans un moment, sortir comme de terre une foule incroyable de machines de toute espèce et de toute grandeur, dont la vue seule était capable de jeter le trouble et l'épouvante dans des armées.

Il en est parmi ces machines, dont on peut à peine concevoir l'effet, et dont on serait tenté de révoquer en doute la réalité, s'il était permis de douter du témoignage d'écrivains, tels par exemple que Polybe, auteur presque contemporain, et qui écrivait sur des mémoires tout récens, et qui étaient entre les mains de tout le monde. Mais quel moyen de se refuser au consentement uniforme des historiens grecs et romains, amis et ennemis, sur des faits dont des armées entières furent témoins et sentirent les effets, et qui influèrent si fort dans les évènemens de la guerre ? Ce qui se pratiqua dans ce siège de Syracuse, marque jusqu'où les anciens avaient porté le génie, et l'art de faire ou de soutenir des sièges. Notre artillerie, qui imite si parfaitement le tonnerre, ne fait pas plus d'effet que les machines d'Archimède, si même elle en fait autant.

On parle d'un miroir ardent, par le moyen duquel Archimède brûla une partie de la flotte romaine. L'invention serait rare. Nul auteur ancien n'en parle : c'est une tradition moderne qui n'a nul fondement. Les miroirs ardens étaient connus de l'antiquité ; mais non de cette sorte, qui paraît même impraticable.

Après que Marcellus eut résolu de bloquer simplement Syracuse, il laissa Appius devant la place avec les deux tiers de l'armée, et avec le reste il s'avança dans l'île, où il fit rentrer quelques villes dans le parti des Romains.

Dans ce même temps, Himilcon, général des Carthaginois, arriva dans la Sicile avec une grande armée, dans l'espérance de la reconquérir, et d'en chasser les Romains. Hippocrate sortit de Syracuse avec dix mille hommes de pied, et cinq cents chevaux pour l'aller joindre, afin de faire la guerre de concert contre Marcellus. Epicyde resta dans la ville pour y commander pendant le blocus.

Les flottes des deux peuples parurent en même temps sur les côtes de la Sicile : mais celle des Carthaginois se voyant plus faible que l'autre, n'osa pas hasarder un combat, et reprit bientôt la route de Carthage.

Marcellus avait demeuré huit mois devant Syracuse avec Appius, selon Polybe : et c'est là que se termine l'année de son consulat. Tite-Live place dans cette année les expéditions de Marcellus dans la Sicile, et sa victoire sur Hippocrate, qui tombent nécessairement dans la seconde année du siège. Et réellement Tite-Live n'a rien rapporté du tout de cette seconde année, parce qu'il avait attribué à la première ce qui s'est passé dans celle-ci, car il est contre toute vraisemblance qu'il ne s'y soit rien fait. Cette conjecture est de M. Crevier, professeur de rhéthorique au collège de Beauvais, qui donne une nouvelle édition de Tite-Live avec des remarques, dont je suis persuadé que le public sera très content. Le premier tome de cette édition paraît depuis quelques mois. On y trouve à la tête une longue préface qui mérite d'être lue.

Marcellus employa donc une bonne partie de la seconde année du siège à diverses expéditions qu'il fit en Sicile. En revenant d'Agrigente, sur laquelle il avait fait une tentative inutile, il rencontra l'armée d'Hippocrate qu'il battit, et lui tua plus de huit mille hommes. Cet avantage retint dans le devoir ceux qui songeaient déjà à se ranger du côté des Carthaginois. Après avoir remporté cette victoire, il retourna devant Syracuse; et ayant fait partir pour Rome Appius, qui allait y demander le consulat, il mit en sa place Q. Crispinus.

Au commencement de la troisième campagne, Marcellus désespérant presque absolument de pouvoir prendre Syracuse soit par force, parce qu'Archimède lui opposait toujours des obstacles invincibles soit par famine, parce que la flotte carthaginoise, qui était revenue plus nombreuse qu'auparavant, y faisait entrer librement des convois, délibéra s'il demeurait devant Syracuse, pour presser le siège; ou s'il tournerait ses efforts du côté d'Agrigente. Mais, avant que de prendre un dernier parti, il voulut essayer s'il ne pourrait point se rendre maître de Syracuse par quelque intelligence secrète. Il avait dans son camp plusieurs Syracusains qui y étaient venus chercher un asile au commencement des troubles. Un esclave de l'un d'entr'eux ménagea secrètement une intrigue, où entrèrent jusqu'à quatre-vingts des principaux de la ville, qui venaient par troupes le trouver dans son camp cachés dans des barques sous des filets de pêcheurs. Le complot était près de réussir, lorsqu'un certain Attale, de dépit de n'y avoir pas été admis, le découvrit à Epicyde, qui fit mourir tous les conjurés.

Cette entreprise échouée de la sorte jeta Marcellus dans un nouvel embarras. Rien ne se présentait à son esprit que la douleur et la honte de lever un siège, après y avoir consumé tant de temps, et fait de si grandes pertes d'hommes que de vaisseaux. Un évènement fortuit lui offrit une nouvelle ressource, et fit renaître son espérance. Des vaisseaux romains avaient pris un certain Damippus qu'Epicyde envoyait pour négocier avec Philippe, roi de Macédoine. Les Syracusains témoignèrent beaucoup de désir de le racheter, et Marcellus ne s'en éloigna pas. On convint d'un endroit auprès du port de Trogile pour y tenir les conférences sur la rançon du prisonnier. Comme on y alla plusieurs fois, un soldat romain s'étant avisé de considérer de près le mur avec attention, après en avoir compté les pierres, avoir examiné à vue d'œil la mesure de chacune, et avoir supputé par estimation la hauteur du mur, il le trouva beaucoup plus bas qu'on ne le croyait, et conclut qu'avec de médiocres échelles on pouvait facilement monter dessus. Sans perdre de temps, il fit rapport de tout à Marcellus. Toute la sagesse n'est pas toujours dans la tête du général ; un simple soldat peut lui donner de bonnes ouvertures. Marcellus ne négligea pas cet avis, et s'en assura par ses propres yeux. Ayant fait préparer des échelles, il prit l'occasion d'une fête qu'on célébrait trois jours de suite à Syracuse en l'honneur de Diane, et pendant laquelle les habitans s'abandonnaient à la joie et à la bonne chère. A l'heure de la nuit, où il conjectura que les Syracusains, après avoir fait la débauche, commenceraient à s'endormir, il fait avancer doucement un corps de mille soldats d'élite vers le mur avec des échelles. Quand les premiers furent arrivés au haut sans bruit et sans tumulte, d'autres les suivirent, la hardiesse des premiers donnant du courage aux seconds. Les mille soldats, profitant du repos des ennemis qui étaient ou ivres, ou endormis, eurent bientôt escaladé le mur. Ayant enfoncé la porte de l'Hexapyle, les troupes s'emparèrent de la partie de la ville appelée Epipole.

Il ne s'agissait plus pour lors de tromper les ennemis, mais de les effrayer. Les Syracusains, éveillés par le bruit, commençaient à se troubler et à se mettre en mouvement. Marcellus fit sonner à la fois toutes les trompettes : ce qui jeta une telle épouvante et une si grande frayeur dans les cœurs, que tout le monde prenait la fuite, croyant qu'il ne restait pas un seul quartier de la ville qui ne fût au pouvoir de l'ennemi. Il restait pourtant la plus belle et la plus forte partie, appelée Achradine, qui n'était pas prise, parce qu'elle avait ses murailles séparées du reste de la ville.

Marcellus, dès la pointe du jour, était entré dans la Ville-Neuve et dans le quartier appelé Tyque. Epicyde, ayant assemblé promptement quelques troupes qu'il avait dans l'île qui joignait l'Achradine, marcha contre Marcellus : mais le trouvant plus fort et mieux accompagné qu'il n'avait cru, après une légère escarmouche, il se renferma dans l'Achradine.

Tous les capitaines et les officiers qui étaient autour de Marcellus, le félicitaient de ce grand bonheur. Pour lui, quand il eut considéré de dessus la hauteur, la beauté et la grandeur de cette ville, on dit qu'il versa quelques larmes, et s'attendrit sur l triste sort qu'elle allait éprouver. Il rappelait dans son esprit deux flottes puissantes des Athéniens coulées à fond autrefois devant cette ville, deux nombreuse armées taillées en pièces avec les deux illustres généraux qui les commandaient tant de guerres soutenues avec tant de courage contre les Carthaginois : tant de tyran fameux et de puissans rois : Hiéron surtout, dont la mémoire était encore tout récente, qui s'était signalé par tant de vertus royales, et encore plus par les services importans qu'il avait rendus au peupl romian, dont les intérêts lui avaient toujours été aussi chers que les siens. Touch par ce souvenir, il crut, avant d'attaque l'Achradine, devoir envoyer vers les assiégés, pour les exhorter à se rendre volontairement, et à prévenir la ruine de leu ville. Ses remontrances et ses exhortation furent inutiles.

Alors, pour ne point être inquiété pa ses derrières, il attaqua un fort, nomm Euryèle, qui était au bout de la Ville-Veuve, et qui commandait toute la campagne du côté de la terre. Après l'avoi

nporté, et y avoir mis une bonne garni-
on, il tourna tous ses efforts du côté de
Achradine.

Sur ces entrefaites arrivent Hippocrate
Himilcon. Le premier, avec les Siciliens,
yant placé et fortifié son camp près du
rand port, et donné le signal à ceux qui
ccupaient l'Achradine, attaque le vieux
amp des Romains, où commandait Cris-
inus; et Epicyde fait en même temps une
ortie sur les postes de Marcellus. Aucune
e ces deux entreprises ne réussit. Hippo-
rate fut vigoureusement repoussé par Cris-
inus qui le suivit jusque dans ses retran-
hemens; et Marcellus obligea Epicyde à se
enfermer dans l'Achradine.

Comme on était alors en automne, il
urvint une peste qui fit de grands ravages
ans la ville, et encore plus dans les camps
es Romains et des Carthaginois. D'abord
mal était médiocre, et n'était causé que
ar le mauvais air et la saison. Ensuite la
ommunication avec les malades, et les
oins même que l'on en prenait, répandi-
ent la contagion : d'où il arrivait que les
ns, négligés et absolument abandonnés,
mouraient par la violence du mal; les au-

tres recevaient des secours qui devenaien funestes à tous ceux qui les approchaient La mort, et la vue de ceux qu'on enseve lissait, offraient continuellement aux yeu un triste spectacle. On n'entendait de tou côtés jour et nuit que des pleurs et des gé missemens. Enfin l'accoutumance au ma avait tellement endurci les esprits et étouff tout sentiment de compassion, que non seulement on ne pleurait plus les morts mais qu'on les laissait sans sépulture. C n'était partout que cadavres, exposés à l vue des malades qui attendaient un parei sort. Les Carthaginois en souffrirent beau coup plus que les autres. Comme ils n'a vaient point de retraite, ils périrent pres que tous avec leurs généraux Hippocrat et Himilcon. Marcellus, dès le commen cement de la maladie, avait fait passe ses soldats dans la ville, où les toits et l'om brage les soulagèrent beaucoup : il ne laiss pas néanmoins d'en perdre un assez grant nombre.

Cependant Bomilcar, commandant de la flotte carthaginoise, qui avait fait un secon voyage à Carthage pour en amener u nouveau secours, revint avec cent-trent navires, et sept cents vaisseaux de charge. Les vents contraires l'empêchèrent de doubler le cap Pachyne. Epicyde, qui craignait que, si ces vents continuaient, cette flotte rebutée ne s'en retournât en Afrique, laisse l'Achradine aux généraux des troupes mercenaires, va trouver Bomilcar, et lui persuade de tenter la fortune d'un combat naval dès que le temps le permettra. Marcellus voyant que les troupes des Siciliens grossissaient tous les jours, et que s'il attendait, et qu'il se laissât enfermer dans Syracuse, il serait fort pressé en même temps et du côté de la terre, et du côté de la mer, résolut, quoique plus faible en vaisseaux, de s'opposer au passage de la flotte carthaginoise. Dès que les vents furent tombés, Bomilcar prit le large pour mieux doubler le cap. Mais comme il vit les vaisseaux romains venir à lui en bel ordre, tout d'un coup, on ne sait pourquoi, il prit la fuite, envoya ordre aux vaisseaux de charge de regagner l'Afrique, et se retira à Tarente. Epicyde, déchu d'une si grande espérance, et n'osant rentrer dans une ville déja à moitié prise, fit voile vers Agrigente, plutôt dans le dessein d'y attendre le succès du siège, que pour faire de là aucun mouvement.

Quand on eut appris dans le camp des Siciliens qu'Epicyde était sorti de Syracuse, et que les Carthaginois avaient quitté la Sicile, ils envoyèrent des députés à Marcellus, après avoir pressenti la disposition des assiégés, pour traiter des conditions auxquelles Syracuse lui serait rendue. On convint assez unanimement de part et d'autre, que ce qui avait appartenu aux rois appartiendrait aux Romains : qu'on conserverait tout le reste aux Siciliens avec leur liberté et leurs lois. Après ces préliminaires, ils demandèrent d'entrer en conférence avec ceux qu'Epicyde avait chargés du gouvernement pendant son absence. Ils leur dirent que l'armée les avait envoyés vers Marcellus et vers les habitans de Syracuse, afin que tous les Siciliens, tant ceux qui se trouvaient dans la ville, que ceux qui étaient dehors, eussent le même sort, et qu'il n'y eût aucune convention particulière. Ayant eu permission d'entrer dans la ville et de parler à leurs proches et à leurs amis, après leur avoir exposé de quoi ils étaient déja nvenus avec Marcellus, en leur donnant surance qu'on leur conserverait la vie, leur persuadèrent de commencer par ter aux trois gouverneurs qu'Epicyde ait laissés à sa place : ce qui fut exécuté r-le-champ.

Pour lors, ayant convoqué l'assemblée u peuple, ils représentèrent « que quelues maux qu'ils eussent soufferts jusque , et qu'ils souffrissent encore, ils n'en evaient pas accuser la fortune, puisqu'il e dépendait que d'eux d'y mettre fin. Que les Romains avaient entrepris le siège e Syracuse, c'était par affection pour les yracusains, et non par haine. Que ce était qu'après avoir appris l'oppression ù les tenaient Hippocrate et Épicyde, ces mbitieux satellites d'Annibal, qui l'étaient nsuite devenus d'Hiéronyme, qu'ils vaient pris les armes, et commencé le iège de la ville, non pour la ruiner, mais pour détruire ses tyrans. Mais depuis qu'Hippocrate était mort, qu'Épicyde n'était plus à Syracuse, que ses lieutenans avaient été tués, que les Carthaginois avaient été dépossédés de la Sicile tant par terre que par mer, quelle raison maintenant pourraient avoir les Romains de n pas vouloir conserver Syracuse, précisément comme si Hiéron, exemple unique d fidélité à leur égard, était encore vivant. Que ni la ville, ni les habitans, n'avaien rien à craindre que d'eux-mêmes, s'ils laissaient passer l'occasion de rentrer en amitié avec les Romains. Que jamais ils n'en auraient une si favorable que dans le momen présent, où ils venaient d'être délivrés de la violente domination de leurs tyrans; e que le premier usage de leur liberté devai être le retour à leur devoir. »

Ce discours fut parfaitement bien reçu de tout le monde. On jugea pourtant à propos de créer de nouveaux magistrats, avant que de nommer des députés; et ceux-ci furent tirés du nombre des premiers. Celui qui portait la parole en leur nom, et qui était uniquement chargé de faire tous les efforts possibles pour obtenir que Syracuse ne fût point détruite, s'adressant à Marcellus, lui dit : « Ce n'est point le peuple syracusain qui d'abord a rompu l'alliance avec vous, et vous a déclaré la guerre, mais Hiéronyme, moins coupable encore envers Rome, qu'envers sa patrie : et

nsuite, quand la paix fut rétablie par sa
ort, ce ne fut encore aucun Syracusain
ui la troubla, mais les satellites du tyran,
ippocrate et Epicyde. Ce sont eux qui
ous ont fait la guerre, après nous avoir
éduits en captivité, soit par la violence,
oit par la ruse et par la perfidie : et l'on
e peut point dire que nous ayons eu au-
un temps de liberté, qui n'ait été un
emps de paix, avec vous. Maintenant dès
ue nous sommes devenus nos maîtres par
a mort de ceux qui tenaient Syracuse dans
oppression, nous venons dans le moment
même vous livrer nos armes, nos per-
onnes, nos murailles et notre ville, dé-
erminés à ne refuser aucune des condi-
ions qu'il vous plaira nous imposer. Au
este, continua-t-il s'adressant toujours à
Marcellus, il s'agit ici autant de votre in-
érêt que du nôtre. Les dieux vous ont ac-
ordé la gloire d'avoir pris la plus belle
et la plus illustre ville qui soit parmi les
Grecs. Tout ce que nous avons jamais fait
de mémorable soit par terre soit par mer,
accroît à votre triomphe, et en relève le
prix. La renommée n'est point un garant
assez fidèle pour faire connaître la gran-

deur et la force de la ville que vous avez prise : la postérité n'en pourra bien juger, que par ses yeux mêmes. Il faut qu'à tous ceux qui aborderont ici, de quelque côté de l'univers qu'ils viennent, on montre tantôt les trophées que nous avons remportés sur les Athéniens et les Carthaginois, tantôt ceux que vous avez remportés sur nous; et que Syracuse, mise pour toujours sous la protection de Marcellus, soit un monument perpétuel et subsistant du courage et de la clémence de celui qui l'aura prise et conservée. Il ne serait pas juste que le souvenir d'Hiéronyme fît plus d'impression sur vos esprits, que celui d'Hiéron. Celui-ci a été votre ami bien plus long-temps que l'autre votre ennemi. Vous avez ressenti, qu'il me soit permis de le dire, les effets de l'amitié d'Hiéron ; mais les folles entreprises d'Hiéronyme ne sont retombées que sur lui. »

La difficulté n'était pas d'obtenir de Marcellus ce qu'ils demandaient, mais de conserver la tranquillité et le concert entre eux dans la ville. Les transfuges, persuadés qu'on les livrait aux Romains, inspirèrent la même crainte aux soldats étraners. Ayant donc pris les uns et les autres ubitement les armes pendant que les déutés étaient encore dans le camp de Marellus, ils commencent par égorger les nagistrats nouvellement élus, et courant e tous côtés dans la ville, font main basse ur ceux qu'ils rencontrent, et pillent tout e qui tombe sous leurs mains. Pour ne oint être sans chefs, ils nomment six ofciers, trois pour commander dans l'Ahradine, et trois dans l'île. Le tumulte tant enfin apaisé, les soldats étrangers econnurent par tout ce qu'ils apprirent ui s'était conclu entre les Romains, que eur cause était toute séparée de celle des ransfuges. Dans le moment arrivent les députés qu'on avait envoyé à Marcellus, qui achèvent de les détromper.

Parmi ceux qui commandaient dans Syracuse, il y avait un Espagnol, nommé Méric: on trouva le moyen de le gagner. Il livra de nuit la porte qui était près de a fontaine d'Aréthuse, et reçut les soldats que Marcellus y envoya. Le lendemain au point du jour, Marcellus fit une fausse attaque à l'Achradine, pour attirer de ce côté-là toutes les forces de la citadelle et de l'île qui y était jointe, et afin de facilite à quelques vaisseaux qu'il avait préparés le moyen de jeter des troupes dans l'île qu serait dégarnie. Tout réussit comme i l'avait projeté. Les soldats, que ces vaisseaux jetèrent dans l'île, trouvant les pos tes presque tous dégarnis, et les porte par lesquelles étaient sortis les soldats d la citadelle pour aller contre Marcellus encore ouvertes, s'en emparèrent aprè un léger combat. Marcellus, averti qu'i était maître de l'île et d'un quartier de l'A chradine, et que Méric avec le corps qu'i commandait s'était joint à ses troupes, fai sonner la retraite, afin que les richesses des rois ne fussent point pillées. Elles ne montaient pas si haut qu'on le pensait.

Les déserteurs s'étant échappés, et or leur avait laissé exprès la sortie libre, les Syracusains ouvrirent à Marcellus toutes les portes de l'Achradine, et lui envoyèrent des députés, qui avaient ordre de ne rien lui demander autre chose sinon qu'il lui plût de leur conserver la vie à eux et à leurs enfans. Marcellus, ayant assemblé son conseil et quelques Syracusains qui étaient dans son camp, répondit à ces déutés en leur présence, « qu'Hiéron, pendant cinquante ans, n'avait pas fait plus de bien au peuple romain, que ceux qui depuis quelques années étaient maîtres de Syracuse n'avaient voulu lui faire de mal : mais que leur mauvaise volonté était retombée sur eux, et qu'ils s'étaient punis eux-mêmes du violement des traités d'une manière plus cruelle que n'auraient souhaité les Romains; qu'il tenait Syracuse assiégée depuis trois ans, non afin que le peuple romain la réduisît en esclavage, mais pour empêcher que des chefs de transfuges ne la tinssent dans l'oppression; qu'il avait essuyé beaucoup de fatigues et de dangers pendant un si long siège; mais qu'il s'en croyait si avantageusement dédommagé par la gloire d'avoir pris cette ville, et par le plaisir de l'avoir sauvée de la ruine entière qu'elle sembait mériter. » Après avoir mis des gardes au trésor et placé aussi des sauve-gardes dans les maisons des Syracusains qui s'étaient retirés dans son camp, il abandonna la ville au pillage. On prétend que les richesses qui furent pillées à ce sac de Syracuse, surpassèrent celles qu'on eût pu espérer de la prise de Carthage.

Un funeste accident troubla la joie de Marcellus, et lui causa une sensible douleur. Archimède, dans le temps que tout était en mouvement à Syracuse, enfermé dans son cabinet comme un homme d'un autre monde, qui ne prend point de part à ce qui se passe dans celui-ci, était appliqué à considérer quelque figure de géométrie, et il donnait à cette contemplation, non-seulement tous ses yeux, mais encore tout son esprit, de manière qu'il n'avait entendu ni le tumulte des Romains qui couraient partout, ni le bruit de la ville prise. Tout d'un coup un soldat se présente à lui, et lui ordonne de le suivre pour venir parler à Marcellus. Archimède le prie d'attendre un moment, jusqu'à ce que son problème fût résolu, et qu'il en eût fait la démonstration. Le soldat, qui ne se souciait ni de son problème ni de sa démonstration, irrité de ce délai, tire son épée et le tue. Marcellus fut vivement affligé, quand il apprit la nouvelle de sa mort. Ne pouvant lui rendre la vie comme il l'aurait souhaité, il s'appliqua, autant qu'il fut en lui, à honorer sa mémoire. Il fit une recherche exacte de tous ses parens, es traita avec distinction, et leur accorda des privilèges particuliers. Pour Archimède, il fit célébrer ses funérailles avec soin, et lui érigea un monument parmi ceux des grands hommes qui s'étaient le plus distingués à Syracuse.

ARTICLE III.

§ I. Archimède, par son testament, avait prié ses parens et ses amis de mettre après sa mort sur son tombeau pour toute épitaphe, un cylindre circonscrit à une sphère, c'est-à-dire à un globe, à une figure sphérique, et de marquer au bas le rapport qu'ont entre eux ces deux solides, le contenant et le contenu. Il aurait pu remplir les bases de son tombeau de bas-reliefs, où toute l'histoire du siège de Syracuse aurait été sculptée, et où il aurait paru comme un Jupiter foudroyant les Romains. Mais il estimait infiniment plus une découverte, une démonstration géométrique, que toutes les machines si célèbres qu'il avait inventées. Aussi aima-t-il mieux se faire honneur auprès faite de la postérité de la découverte qu'il avait du rapport de la sphère au cylindre de même base et de même hauteur, qui est comme deux à trois.

Les Syracusains, si passionnés autrefois pour les sciences, ne conservèrent pas longtemps l'estime et la reconnaissance qu'ils devaient à un homme qui avait fait tant d'honneur à leur ville. Moins de cent quarante ans après, Archimède était déjà si parfaitement oublié de ses citoyens, malgré les grands services qu'il leur avait rendus, qu'ils niaient qu'il fût enterré à Syracuse. C'est Cicéron qui nous apprend cette particularité.

Dans le temps qu'il était questeur en Sicile, la curiosité le porta à chercher le tombeau d'Archimède : curiosité digne d'un homme d'esprit comme Cicéron, et qui mérite d'être imitée par ceux qui voyagent. Les Syracusains lui soutenaient que sa recherche serait inutile, et qu'ils n'avaient point chez eux ce monument. Leur ignorance fit pitié à Cicéron, et ne servit qu'à allumer encore davantage le désir qu'il avait de faire cette découverte. Enfin, après plusieurs recherches, il aperçut hors de la porte de la ville qui regardait Agragas, parmi un grand nombre de tombeaux qui étaient en cet endroit-là, une colonne presque entièrement couverte de ronces et d'épines, et il y entrevit la figure d'une sphère et d'un cylindre. Ceux qui ont quelque goût pour les antiquités, jugent aisément qu'elle fut la joie de Cicéron. Il s'écria qu'il avait trouvé ce qu'il cherchait. On fit nettoyer la place avec des faux, on s'ouvrit un passage jusqu'à la colonne, et l'on y vit l'inscription qui paraissait encore, quoique la moitié des lignes fussent effacées par le temps. Ainsi, dit Cicéron, en terminant ce récit, la plus grande ville de Grèce, et qui anciennement avait été la plus florissante par l'étude des lettres, n'eût pas connu le trésor qu'elle possédait, si un homme né dans un pays qu'elle regardait presque comme barbare, un Arpinate, n'eût été lui découvrir le tombeau d'un de ses citoyens, si distingué par la justesse et par la pénétration de son esprit.

On est obligé à Cicéron de nous avoir laissé cet élégant et curieux récit; mais on ne lui pardonne pas aisément la manière méprisante dont il y parle d'abord d'Archimède. C'est au commencement, où, voulant opposer à la vie malheureuse de Denys le tyran, le bonheur d'une vie modérée et pleine de sagesse, il dit : « Je ne comparerai point la vie d'un Platon et d'un Architas, personnages consommés en doctrine et en sagesse, avec celle de Denys, la plus affreuse, la plus remplie de misère, et la plus détestable que l'on puisse imaginer. J'aurai recours à un homme de la même ville que lui, un homme obscur, qui a vécu plusieurs années après lui. Je le tirerai de sa poussière, et je le ferais paraître sur la scène le compas à la main. » Je ne parle point de la naissance d'Archimède, sa grandeur est d'un autre ordre. Mais le plus grand géomètre de l'antiquité, dont les sublimes découvertes ont été dans tous les temps l'objet de l'admiration des connaisseurs; devait-il être traité par Cicéron d'homme obscur et de néant, comme si c'était un simple ouvrier, employé à fabriquer des machines : si ce n'est peut-être que dans l'esprit des Romains, chez qui l'estime et le goût de la géométrie et de ces sciences spéculatives n'a jamais bien pénétré, on n'estimât rien de grand que ce qui a rapport au gouvernement des hommes et à la politique?

Orabunt causas melius, cœlique meatus
Describent radio, et surgentia sidera dicent :
Tu tegere imperio populos, Romane, memento.

C'est la réflexion de M. l'abbé Fraguier ans la petite dissertation qu'il a laissée ur ce récit de Cicéron.

L'île de Sicile, avec la plus grande parie de cette longueur de l'Italie qui s'étend ntre les deux mers, composait ce que l'on ppelait la grande Grèce, par opposition la Grèce proprement dite, qui avait peuplé de ses colonies tous ces pays-là.

Syracuse était la ville la plus considérable de la Sicile, et l'une des plus puissanes de toute la Grèce. Elle fut fondée par Architas, Corinthien, la troisième année le l'Olympiade XVIIe.

Les deux premiers siècles de son histoire sont fort obscurs, et je les passe sous silence. Elle ne commence à être bien connue que depuis le règne de Gélon, et elle fournit dans la suite de grands évènemens pendant l'espace de plus de deux cents ans. On y voit pendant tout ce temps-là une alernative continuelle de servitude sous les tyrans, et de liberté sous un gouvernement populaire, jusqu'à ce que Syracuse soit enfin soumise aux Romains, et fasse partie de leur empire.

J'ai traité tous ces évènemens, excepté le dernier, chacun dans leur temps. Mais comme ils sont coupés en différens morceaux, et répandus en différens livres, j'ai cru devoir les réunir ici sous un même point de vue pour en faire mieux sentir la suite et la liaison, en les montrant en gros, et en indiquant les endroits où ils sont exposés avec une juste étendue.

GÉLON.

Les Carthaginois, de concert avec Xercès, ayant attaqué les Grecs qui habitaient dans la Sicile pendant que ce prince faisait une irruption dans la Grèce, Gélon, qui s'était rendu maître de Syracuse, remporta une célèbre victoire contre les Carthaginois le jour même du combat des Thermopyles. Ils avaient pour général Amilcar, qui périt dans le combat. Les historiens parlent diversement de sa mort; et c'est ce qui m'a fait tomber dans une contradiction. Car d'un côté je suppose avec Diodore de Sicile qu'il fut tué par les Siciliens dans le combat; et de l'autre je marque après Héɔdote, que, pour ne point survivre à sa ionte, il se précipita lui-même dans le ûcher, où il avait immolé plusieurs victimes humaines.

Gélon, au retour de sa victoire, se rendit à l'assemblée sans armes et sans gardes, jour y rendre compte au peuple de sa onduite. Il fut choisi pour roi d'une commune voix. Il régna pendant cinq ou six ns, uniquement occupé du soin de rendre es peuples heureux.

HIÉRON Ier.

Hiéron, l'aîné des frères de Gélon, lui uccéda. Le commencement de son règne ut fort louable. Simonide et Pindare le élébrèrent à l'envi par leurs vers. La fin 'y répondit pas. Il régna onze ans.

THRASIBULE.

Thrasibule son frère lui succéda. Il se endit odieux à tous ses sujets par ses vices et par sa cruauté. Ils le chassèrent du rône et de la ville après un an de règne.

Temps de liberté.

Depuis sa retraite, Syracuse et toute la icile jouirent de leur liberté pendant l'espace de près de soixante ans.

On établit une fête annuelle pour célébrer le jour du rétablissement de la liberté.

Syracuse attaquée par les Athéniens.

Pendant cet intervalle, les Athéniens, animés par les vives exhortations d'Alcibiade, portèrent leurs armes contre Syracuse : c'était la seizième année de la guerre du Péloponèse. On sait combien cette entreprise devint funeste pour les Athéniens.

DENYS L'ANCIEN.

Le règne de ce prince fut célèbre par sa longue durée qui fut de trente-huit ans, et encore plus par les évènemens extraordinaires qui l'accompagnèrent.

DENYS LE JEUNE.

Denys, fils de l'ancien, lui succède. Il forme une liaison particulière et a de fréquentes conversations avec Platon, que Dion, proche parent de Denys, avait engagé de venir à sa cour. Il ne profita pas long-temps des sages avis de ce philosophe, et s'abandonna bientôt à tous les vices et à tous les excès qui accompagnent la tyrannie.

Assiégé par Dion, il se sauve de la cita-
elle et se retire en Italie.

Rares qualités de Dion. Il est assassiné
ır Callippe dans sa propre maison.

Treize mois après la mort de Dion,
ipparinus, frère de Denys le jeune,
ıasse Callippe de Syracuse et s'y établit.
endant les deux ans de son règne, la Si-
le est agitée de grands mouvemens.

Denys le jeune, profitant de ces trou-
es, remonte sur le trône dix ans après
ıvoir quitté.

Enfin, forcé par Timoléon, il se retire
Corinthe.

Temps de liberté.

Timoléon rend la liberté à Syracuse. Il
passe le reste de sa vie dans un glorieux
isir, chéri et honoré de tous les citoyens
de tous les étrangers.

Cet intervalle de liberté ne dura pas
ng-temps.

AGATHOCLE.

Agathocle s'empara bientôt de la tyran-
ie à Syracuse.

Il y exerce des cruautés inouïes.

Il forme un des desseins les plus hardis

dont il soit parlé dans l'histoire, porte la guerre dans l'Afrique, s'y rend maître des places les plus fortes, et ravage tout le pays.

Après divers évènemens, il périt d'une manière misérable. Il avait régné environ vingt-huit ans.

Temps de liberté.

Syracuse respira pendant quelque temps, et goûta avec plaisir la douceur de la liberté.

Mais elle eut beaucoup à souffrir de la part des Carthaginois, qui troublaient son repos par des guerres continuelles.

Elle appela à son secours Pyrrhus. Les rapides succès qu'eurent d'abord ses armes, lui donnèrent de grandes espérances, qui s'évanouirent bientôt. Pyrrhus, par sa prompte retraite, la replongea dans des nouveaux malheurs.

HIERON II.

Elle ne fut tranquille et heureuse que sous le règne d'Hiéron II, qui fut très-long, et presque toujours pacifique.

HIERONYME.

A peine régna-t-il un an. Sa mort fut

vie de grands troubles, et de la prise de
racuse par Marcellus.

Après la prise de cette ville, ce qui se
sse dans la Sicile jusqu'à son entière ré-
ction est peu mémorable. Il y eut en-
re quelques restes de guerre de la part
s partisans de la tyrannie, et des Car-
aginois qui en étaient les protecteurs :
ais ces guerres n'eurent point de suites,
Rome se trouva bientôt maîtresse abso-
e de toute la Sicile. La moitié de cette
 était devenue province romaine depuis
traité qui termina la première guerre
nique. Par ce traité la Sicile fut divisée
 deux parts, dont l'une resta aux Ro-
ains, et l'autre continua d'être gouver-
e par Hiéron; et cette partie, depuis
e Syracuse se fut rendue, passa aussi
us leur domaine.

§ III. Par la prise de Syracuse, la Si-
le entière devint une province du peuple
main : mais elle ne fut pas traitée, comme
 furent depuis les Espagnols et les Car-
aginois, à qui on imposa un certain tri-
ut pour être comme le prix de la vic-
ire, et la peine des vaincus : *quasi victoria*

prœmium, ac pœna belli. La Sicile, en se soumettant au peuple romain, conserva tous ses droits anciens et toutes ses coutumes, et lui obéit aux mêmes conditions qu'elle avait obéi à ses rois. Et elle méritait bien certainement ce privilège et cette distinction. Elle était la première de toutes les nations étrangères qui eût fait amitié et alliance avec les Romains; la première conquête qu'ils eussent eu la gloire de faire hors de l'Italie; la première enfin qui leur eût fait éprouver la douceur de commander à des peuples étrangers. La plupart des villes dont elle était remplie avaient marqué pour les Romains un attachement, une fidélité, une affection qui étaient sans exemple. Elle fut pour eux depuis comme un degré pour passer en Afrique, et Rome n'aurait pas pu abattre si facilement la puissance formidable de Carthage, si la Sicile ne lui avait servi de grenier abondant pour les vivres, et de retraite sûre pour ses flottes. Aussi, après la prise et la ruine de Carthage, Scipion l'Africain se crut-il obligé d'enrichir les villes de Sicile d'un grand nombre d'excellens tableaux, statues précieuses, afin qu'un peuple ui s'intéressait si vivement à la victoire u peuple romain, en sentît les fruits, et n conservât chez lui d'illustres monuiens.

La Sicile aurait été heureuse d'être gouernée par les Romains, si elle avait toujurs eu des magistrats tels que Cicéron, ussi instruits que lui des obligations de la aagistrature, et aussi attentifs à s'en acuitter. Il est beau de l'entendre lui-même expliquer sur ce sujet. C'est en défenlant la Sicile contre Verrès.

Après avoir pris les dieux à témoin de a sincérité des sentimens qu'il va expoer : « Dans tous les emplois, dit-il, dont e peuple romain m'a honoré jusqu'ici, 'ai cru être engagé par les liens les plus sacrés de la religion à en remplir dignement tous les devoirs. Lorsqu'on m'a fait questeur, j'ai regardé cette dignité, non comme un présent dont on me gratifiait, mais comme un dépôt que l'on confiait à ma vigilance et à ma fidélité ; quand depuis on m'a envoyé gérer la questure dans la Sicile, je me suis imaginé que tous les yeux étant tournés sur moi, ma personne et ma questure allaient être exposées sur un grand théâtre à la vue de tous les peuples, à qui j'étais donné en spectacle; et dans cette pensée je me suis interdit, non seulement les plaisirs criminels qu'entraînent les grandes passions, mais ceux même qui sont les plus légitimes, et qui paraissent les plus nécessaires. On vient de me désigner édile. J'atteste les dieux que je sens tout le poids de cette charge, et que quelque honorable qu'elle me paraisse, elle ne me cause pas tant de joie et de plaisir, que de soins et d'inquiétudes, dans le désir que j'ai de faire connaître qu'elle ne m'a pas été donnée au hasard ou par nécessité, mais confiée par choix et avec discernement. »

Il s'en faut bien que tous les gouverneurs romains fussent de ce caractère, et la Sicile, plus que toute autre province, éprouva, comme quelques lignes après Cicéron le reproche à Verrès, qu'ils étaient presque tous comme autant de tyrans, qui ne se croyaient armés de faisceaux et de haches, ni revêtus de l'autorité de l'emre romain, que pour exercer impuné-ent dans la province un brigandage ou-ert, et pour forcer toutes les barrières la justice et de la pudeur, en sorte que ersonne ne pût mettre en sûreté contre ur violence ni ses biens, ni sa maison, ni vie, ni même son honneur.

Syracuse, par tout ce que nous en avons u, a dû nous paraître comme un théâtre ù il s'est passé des scènes bien différentes, iais bien étranges : ou plutôt comme une ıer quelquefois calme et tranquille, mais plus souvent agitée par des vents et des rages, toujours prêts à la bouleverser de ond en comble. Nous n'avons vu dans au-une autre république des révolutions si ıbites, si fréquentes, si violentes, si di-ersifiées. Maîtrisée dans un temps par les yrans les plus cruels, gouvernée dans un utre par les rois les plus sages ; tantôt li-rée au caprice d'une populace sans joug t sans frein, tantôt docile et parfaitement oumise à l'autorité des lois et à l'empire le la raison, elle passe alternativement de 'esclavage le plus dur à la liberté la plus louce, d'une espèce de convulsions et de mouvemens frénétiques à une conduite sage, tranquille, modérée. Le lecteur se rappelle aisément dans la mémoire, d'un côté les deux Denys père et fils, Agathocle, Hiéronyme, devenus par leur cruauté l'objet de la haine et de l'exécration publique; de l'autre Gélon, Dion, Timoléon, les deux Hiérons tant l'ancien que le nouveau, universellement chéris et respectés des peuples.

A quoi attribuer des extrémités si opposées, et des alternatives si contraires? Je ne doute point que la légèreté et l'inconstance des Syracusains, qui était leur caractère dominant, n'y eût beaucoup de part : mais je suis persuadé que ce qui y contribuait le plus, était la forme du gouvernement, mêlé d'aristocratie et de démocratie, c'est-à-dire partagé entre le sénat ou les anciens et le peuple. Comme il n'y avait à Syracuse aucun contre-poids pour maintenir ces deux corps dans un juste équilibre, quand l'autorité penchait un peu plus d'un côté que d'un autre, le gouvernement se tournait aussitôt, ou en une tyrannie violente et cruelle, ou en une lerté effrénée, sans mesure et sans règle. ors la confusion subite de tous les or- 'es de l'État facilitait aux plus ambitieux s citoyens le chemin au pouvoir souve- in; que les uns, pour captiver la bien- illance de leurs concitoyens et leur adou- r le joug, exerçaient avec douceur et gesse, avec équité, avec des manières pulaires: et que d'autres, nés moins ver- eux, portaient aux derniers excès du espotisme le plus absolu et le plus cruel, ous prétexte de se maintenir dans leur surpation contre les entreprises de leurs itoyens, lesquels, jaloux de leur liberté, e permettaient toutes les trahisons et tous es crimes pour la recouvrer.

D'autres raisons encore rendaient le ouvernement de Syracuse difficile, et par à donnaient lieu aux fréquens changemens qui y arrivaient. Cette ville n'oubliait point qu'elle avait remporté de signalées victoi- res contre la redoutable puissance de l'A- frique, et qu'elle avait porté ses conquêtes et la terreur de ses armes jusque sous les remparts de Carthage, et cela, non une seule fois, comme depuis contre les Athéniens, mais pendant plusieurs siècles. La haute idée que ses flottes et ses troupes nombreuses lui donnaient de sa puissance maritime fit, que du temps de l'irruption des Perses dans la Grèce, elle prétendit s'égaler à Athènes, ou partager du moins avec elle l'empire de la mer.

D'ailleurs les richesses, suite naturelle du commerce, avaient rendu les Syracusains fiers, hautains, impérieux, et en même temps les avaient plongés dans la mollesse, en leur inspirant du dégoût pour toute fatigue et toute application. Ils se livraient pour l'ordinaire aveuglément à leurs orateurs, qui avaient pris sur eux un pouvoir absolu. Il fallait, pour obéir, qu'ils fussent ou flattés, ou gourmandés.

Ils avaient naturellement un fonds d'équité, de bonté, de douceur; et cependant, entraînés par les discours séditieux des harangueurs, ils se portaient aux dernières violences et aux cruautés les plus excessives, dont ils se repentaient un moment après.

Quand ils étaient abandonnés à eux-mêmes, leur liberté, qui pour lors ne con-

ssait plus de bornes, dégénérait bientôt
caprice, en fougue et en violence, je
ırrais même dire en frénésie. Au con-
ire, quand on était venu à bout de les
uire sous le joug, ils devenaient lâches,
iides, soumis, rampans jusqu'à la ser-
ité. Mais, comme cet état était violent,
directement opposé au caractère et au
urel de la nation grecque, née et
ırrie dans la liberté, dont le sentiment
tait point éteint en eux, mais simple-
ent endormi; ils se réveillaient de temps
temps de ce sommeil léthargique, rom-
ient leurs chaînes, et s'en servaient,
est permis de s'exprimer ainsi, pour
er et assommer ces maîtres injustes qui les
aient mis dans les fers.

Pour peu que l'on fasse attention sur
ıte la suite de l'histoire des Syracusains,
voit aisément (comme Galba depuis l'a
t des Romains) qu'ils n'étaient point ca-
ibles de porter ni une liberté entière, ni
ıe entière servitude. Ainsi l'habileté et
politique de ceux qui les gouvernaient
nsistaient à faire prendre au peuple un
ge milieu entre ces deux extrémités, en
ıraissant le laisser maître des résolutions,

et ne se réserver que le soin de lui en montrer l'utilité et de lui en faciliter l'exécution. Et c'est à quoi réussirent merveilleusement les magistrats et les rois dont j'ai parlé, sous le gouvernement desquels les Syracusains furent toujours tranquilles et paisibles, obéissans au prince, et parfaitement soumis aux lois. C'est ce qui me fait conclure que les troubles et les révolutions de Syracuse arrivaient moins par la légèreté du peuple, que par la faute de ceux qui les gouvernaient, à qui manquait l'art de manier les esprits et de gagner les cœurs, qui est proprement la science des rois et de tous ceux qui commandent.

FIN DE L'HISTOIRE ANCIENNE.

DES

ARTS LIBÉRAUX.

PEINTURE.

De la Peinture en général.

§ I. Il en est de la peinture comme de tous autres arts, c'est-à-dire qu'elle a eu commencemens très grossiers et très parfaits. L'ombre d'un homme marquée circonscrite par des lignes, y a donné issance, aussi bien qu'à la sculpture. première manière de peindre tira son orie de l'ombre, et ne consista qu'en queles traits, qui, se multipliant peu à peu rmèrent le dessin; on ajouta ensuite la uleur. Elle fut d'abord unique dans chaie dessin, sans en mêler plusieurs dans même pièce : cette manière de peindre t appelée *monochromate*, c'est-à-dire une seule couleur. Enfin, l'art se perfecpnnant de jour en jour, on introduisit le élange de quatre couleurs seulement : il sera parlé dans la suite.

Je n'examine point ici l'antiquité de la peinture. Les Égyptiens se vantent d'en avoir été les inventeurs, et cela peut bien être : mais ce ne sont point eux qui l'ont mise en honneur et en crédit. Pline, dans le long dénombrement qu'il fait des habiles ouvriers en chaque genre et des chefs-d'œuvres de l'art, ne nomme pas un seul Egyptien. C'est donc dans le sein de la Grèce, soit à Corinthe, soit à Sicyone, soit à Athènes, et dans d'autres villes, que la peinture s'est perfectionnée. On la croit postérieure à la sculpture, parce qu'Homère, qui parle souvent de statues, de bas-reliefs et de gravures, ne fait mention d'aucun tableau ni d'aucune peinture.

Ces deux arts ont beaucoup de parties qui leur sont communes; mais elles arrivent à leur fin, qui est l'imitation de la nature, par différens moyens : la sculpture, par le relief de la matière; la peinture, par les couleurs sur une superficie plate; et il faut avouer que le ciseau dans les mains d'un homme de génie intéresse presque autant que le pinceau. Mais sans prétendre régler les rangs entre ces deux arts, ni donner la préférence à l'un sur l'autre, ıelle merveille de voir que la main d'un ·tisan, par quelques coups de ciseau, ıisse animer le bronze et le marbre; et ı'en se jouant sur une toile avec un pin- ·au et des couleurs, elle imite par des li- ıes, des jours et des ombres, tous les bjets de la nature? Si Phidias forme l'i- ıage de Jupiter, dit Sénèque, il semble ue ce dieu va lancer la foudre; s'il repré- ·nte Minerve, on dirait qu'elle va parler our instruire ceux qui la considèrent, et ue cette sage déesse ne garde le silence ue par modestie. Doux prestige, agréable ıposture, qui trompe sans induire en er- eur, et qui fait illusion aux sens pour éclairer l'esprit.

La peinture est un art qui par des lignes t des couleurs représente sur une surface gale et unie tous les objets visibles. L'i- nage qu'elle en fait, soit de plusieurs corps nsemble, ou d'un seul en particulier, 'appelle tableau; dans lequel il y a trois hoses à considérer, la *composition*, le *lessin*, le *coloris*, qui sont les trois parties ıécessaires pour former un bon peintre.

1. La *composition*, qui est la pre- nière partie de la peinture, contient deux

choses : l'invention et la disposition.

L'invention est un choix des objets qui doivent entrer dans la composition du sujet que le peintre veut traiter. Elle est ou historique simplement, ou allégorique. L'invention historique est un choix d'objets qui simplement par eux-mêmes représentent le sujet. Elle ne regarde pas seulement toutes les histoires vraies ou fabuleuses, mais elle comprend encore les portraits des personnes, la représentation des pays, des animaux, et de toutes les productions de l'art et de la nature. L'invention allégorique est un choix d'objets qui servent à représenter dans un tableau, ou en tout ou en partie, autre chose que ce qu'ils sont en effet. Tel est, par exemple, le tableau d'Apelle qui représente la calomnie, duquel Lucien fait la description : je la rapporterai dans la suite. Telle est la peinture morale d'Hercule entre Vénus et Minerve, où ces divinités païennes ne sont introduites que pour nous marquer les attraits de la volupté et de la vertu.

La disposition contribue beaucoup à la perfection et au prix d'un tableau : car quelque avantageux que soit le sujet, quele ingénieuse que soit l'invention, quelque èle que soit l'imitation des objets que le intre a choisis, s'ils ne sont bien distri-és, l'ouvrage n'aura point une approba-n générale. L'économie et le bon ordre t ce qui fait tout valoir, ce qui attire l'at-ation, et ce qui attache l'esprit, par un rangement ingénieux et prudent, qui met utes les figures dans leur place naturelle. est cette économie et cet arrangement l'on appelle disposition.

2. *Le dessin*, en tant qu'il fait une des rties de la peinture, est pris pour la cir-nscription des objets, pour les mesures les proportions des formes extérieures. regarde également les peintres, les sculp-urs, les architectes, les graveurs, et gé-éralement tous les artisans dont les ouvra-es ont besoin de grace et de symétrie.

On considère plusieurs choses dans le essin : la correction, le bon goût, l'élé-ance, le caractère, la diversité, l'expres-on, la perspective. Mon dessein est de ne arler des principes de la peinture qu'au-ant que mes lecteurs peuvent en avoir esoin pour entendre ce qui sera rapporté e l'ancienne peinture, et pour en pouvoir juger avec quelque discernement et quelque justesse.

Correction est un terme dont les peintres se servent ordinairement pour exprimer l'état d'un dessin qui est exempt de fautes dans les mesures. Cette correction dépend de la justesse des proportions, et de la connaissance de l'anatomie.

Le goût est une idée qui suit l'inclination naturelle du peintre, ou qu'il s'est formée par l'éducation. Chaque école a son goût de dessin; et depuis le rétablissement des beaux-arts en Europe, celle de Rome a toujours été estimée la meilleure, parce qu'elle s'est formée sur l'antique. L'antique est donc ce qu'il y a de meilleur pour le goût du dessin.

L'élégance du dessin est une manière d'être qui embellit les objets, sans en détruire la vérité. Cette partie, qui est fort importante, sera traitée plus au long dans la suite.

Le caractère est la marque propre et particulière qui distingue et caractérise chaque espèce d'objet, qui tous demandent des touches différentes pour exprimer l'esprit de leur caractère.

La diversité consiste à donner à chaque

ersonnage d'un tableau l'air et l'attitude ui lui sont propres. Le peintre habile a le alent de discerner le naturel qui est toujours varié. Ainsi la contenance et l'action es personnes qu'il peint sont toujours variées. Il est pour un grand peintre, par xemple, une infinité de joies et de douleurs ifférentes, qu'il sait varier encore par les ges, par les tempéramens, par les caractères des nations et des particuliers, et par ille autres moyens. Le sujet le plus reattu devient un sujet neuf sous son pinceau.

Le mot d'*expression* se confond ordiairement en parlant de peinture avec ceui de passion. Ils diffèrent néanmoins en e que, expression est un terme général ui signifie la représentation d'un objet elon le caractère de sa nature, et selon le our que le peintre a dessein de lui donner our la convenance de son ouvrage. Et la assion, en peinture, est un mouvement u corps accompagné de certains traits sur visage qui marquent une agitation de me. Ainsi toute passion est une expreson, mais toute expression n'est pas une assion.

La Perspective est l'art de représenter les

objets qui sont sur un plan, selon la différence que l'éloignement y apporte, soit pour la figure, soit pour la couleur. On distingue donc deux sortes de perspectives, la linéaire et l'aérienne. La perspective linéaire consiste dans le juste raccourcissement des lignes; l'aérienne dans une juste dégradation des couleurs. *Dégrader*, c'est, en terme de peinture, ménager le fort et le faible des jours, des ombres, et des teintes selon les divers degrés d'éloignement. M. Perrault, par un zèle aveugle pour les modernes, prétendait que la perspective était absolument inconnue aux anciens; et il fondait son sentiment sur le manque de perspective dans la colonne Trajane. M. l'abbé Salier, dans une courte mais élégante dissertation sur cette matière, prouve par plusieurs passages que la perspective n'était point inconnue aux anciens, et que c'est cet artifice industrieux qui leur enseignait si bien à faire illusion aux sens dans leurs tableaux, par la modification des grandeurs, des figures, et des couleurs, dont ils savaient augmenter ou diminuer la force et l'éclat. Quant à la colonne Trajane, si la perspective n'y a pas été exactement observée, ce n'est oint par ignorance des règles de l'art, mais parce que souvent les grands maîtres se mettent au-dessus des règles mêmes pour atteindre plus sûrement à leur but. M. de Piles reconnaît que le défaut de gradation dans cette colonne ne doit être attribué qu'au dessein que l'ouvrier, supérieur aux règles de son art, avait de soulager la vue, et de rendre les objets plus sensibles et plus palpables.

3. Le coloris est différent de la couleur, celle-ci est ce qui rend les objets sensibles à la vue. Le coloris est une des parties essentielles de la peinture, par laquelle le peintre sait imiter la couleur de tous les objets naturels, en faisant un mélange judicieux des couleurs simples qui sont sur la palette. Cette partie est bien importante. Elle enseigne de quelle sorte les couleurs doivent être employées pour produire ces beaux effets du *clair-obscur*, qui aident à faire paraître le relief des figures, et les enfoncemens des tableaux.

Pline l'explique assez au long. Après avoir parlé des commencemens fort simples et fort grossiers de la peinture, il ajoute qu'à l'aide du temps et de l'expérience, elle se développa peu à peu;

qu'elle trouva les jours et les ombres, avec la différence des couleurs qui se relèvent l'une par l'autre, et qu'elle mit en usage le clair-obscur, comme le dernier éclat et la consommation du coloris ; car, ce clair-obscur n'est pas proprement la lumière, mais il tient comme le milieu entre les jours et les ombres qui entrent dans la composition du sujet. Et de là vient que les Grecs l'ont appelé Tonos, c'est-à-dire le ton de la peinture : pour nous faire entendre que, comme dans la musique il y a mille tons différens qui s'unissent les uns aux autres d'une manière insensible pour faire un son harmonieux ; de même dans la peinture, il y a une force et une dégradation de lumière presque imperceptibles, lesquelles varient encore selon les couleurs propres ou locales des divers objets où elles tombent. C'est par cette distribution enchanteresse des lumières et des ombres, et, s'il est permis de parler ainsi, par les prestiges de cette espèce de magie, que les peintres font illusion aux sens, et en imposent aux yeux des spectateurs. Ils emploient, avec un art qu'on ne se lasse point d'admirer, les teintes, les demi-teintes, et toutes les diminutions de couleurs nécessaires pour grader la couleur des objets. Les nuances sont pas mieux fondues dans la nature ie dans leurs tableaux.

C'est cet appât séduisant de la peinture ii frappe et attire tout le monde : les norans, les connaisseurs et les peintres ême. Elle ne permet à personne de passer indifféremment par un lieu où sera ielque tableau qui porte ce caractère, ins être comme surpris, sans s'arrêter, sans jouir quelque temps du plaisir de surprise. La véritable peinture est donc elle qui nous appelle, pour ainsi dire, en ous surprenant : et ce n'est que par la orce de l'effet qu'elle produit que nous ne ouvons nous empêcher d'en approcher, omme si elle avait quelque chose à nous ire. Et quand nous sommes auprès d'elle, ous trouvons en effet qu'elle nous divertit par le beau choix, et par la nouveauté les choses qu'elle nous présente, par l'histoire, et par la fable dont elle nous rafraîhit la mémoire, par les inventions ingéieuses, et par les allégories dont nous ous faisons un plaisir de trouver le sens, ou de critiquer l'obscurité.

Il y a plus, comme le remarque Aristote

dans sa Poétique : des monstres, et des hommes morts ou mourans, que nous n'oserions regarder ou que nous ne verrions qu'avec horreur, nous les voyons avec plaisir imités dans les ouvrages des peintres. Mieux ils sont imités, plus nous les regardons avidement. Le massacre des Innocens a dû laisser des idées bien funestes dans l'imagination de ceux qui virent réellement les soldats effrénés égorger les enfans dans le sein des mères sanglantes. Le tableau de Le Brun, où nous voyons l'imitation de cet évènement tragique, nous émeut et nous attendrit, mais il ne laisse dans notre esprit aucune idée importune. Nous savons que le peintre ne nous afflige qu'autant que nous le voulons, et que notre douleur, qui n'est que superficielle, disparaîtra avec le tableau : au lieu que nous ne serions pas maîtres ni de la vivacité, ni de la durée de nos sentimens, si nous avions été frappés par les objets eux-mêmes.

Mais ce qui doit dominer dans la peinture, et ce qui en fait la souveraine perfection, c'est le vrai. Rien n'est bon, rien ne plaît sans le vrai. Tous les arts qui ont pour objet l'imitation, ne s'exercent que our instruire et pour divertir les hommes ar une fidèle représentation de la nature. insérerai ici sur cette matière un morceau, dont j'espère que le lecteur me saura ré. Je l'ai extrait du traité de M. de Piles ur *Le Vrai dans la Peinture*, et encore lus d'une lettre de M. du Guet qui y est ointe, et qu'il avait écrite à une dame, ui lui avait demandé son sentiment sur ce etit traité.

Du vrai dans la peinture.

Quoique la peinture ne soit qu'une imitation, et que l'objet qui est dans le tableau e soit que feint, il est pourtant appelé rai, quand il imite parfaitement le caractère de son modèle.

On distingue trois sortes de vrai dans la einture : le vrai simple, le vrai idéal, et e vrai composé, ou le vrai parfait.

Le vrai simple, qu'on appelle le premier rai, est une imitation simple et fidèle des nouvemens expressifs de la nature, et des bjets tels que le peintre les a choisis pour nodèle, et qu'il se présentent d'abord à nos eux : en sorte que les carnations paraissent de véritables chairs, et les draperies le véritables étoffes, selon leur diversité, et que chaque objet en détail conserve le véritable caractère de sa nature.

Le vrai idéal est un choix de diverses perfections qui ne se trouvent jamais dans un seul modèle, mais qui se tirent de plusieurs, et ordinairement de l'antique.

Le troisième vrai, qui est composé du vrai simple et du vrai idéal, fait par cette union le dernier achèvement de l'art, et la parfaite imitation de la belle nature. On peut dire que les peintres sont habiles selon le degré auquel ils possèdent les parties du premier et du second vrai, et selon l'heureuse facilité qu'ils ont acquise d'en faire un bon composé.

Cette union concilie deux choses qui paraissent opposés, d'imiter la nature, et de ne pas se borner à l'imiter; d'ajouter à ses beautés pour les atteindre, et de la corriger pour la bien faire sentir.

Le vrai simple fournit le mouvement et la vie. L'idéal, lui, choisit avec art tout ce qui peut l'embellir et le rendre touchant; et il ne le choisit pas hors du vrai simple, qui est pauvre dans certaines parties, mais riche dans son tout.

Si le second vrai ne suppose pas le pre-

er, s'il l'étouffe et l'empêche de se faire
is sentir que tout le second lui ajoute,
et s'éloigne de la nature; il se montre au
u d'elle; il en occupe la place, au lieu
la représenter; il trompe l'attente du
ectateur, et non ses yeux; il l'avertit du
ège, et ne sait pas le lui préparer.

Si au contraire le premier vrai, qui a
nte la vérité du mouvement et de la vie,
ais qui n'a pas toujours la noblesse,
xactitude et les graces qui se trouvent
lleurs, demeure sans le secours d'un se-
ond vrai, toujours grand et parfait, il ne
aît qu'autant qu'il est agréable et fini,
le tableau perd tout ce qui a manqué à
in modèle.

L'usage donc de ce second vrai, con-
ste à suppléer dans chaque sujet ce qu'il
avait pas, mais qu'il pouvait avoir, et que
nature avait répandu dans quelques
utres; et à réunir ainsi ce qu'elle divise
resque toujours.

Ce second vrai, à parler dans la ri-
ueur, est presque aussi réel que le pre-
nier : car il n'invente rien, mais il choisit
artout. Il étudie tout ce qui peut plaire,
nstruire, animer. Rien ne lui échappe,

lors même qu'il paraît échappé au hasard, Il arrête par le dessin ce qui ne se montre qu'une fois; et il s'enrichit par mille beautés différentes pour être toujours régulier, et ne jamais tomber dans les redites.

C'est pour cette raison que l'union de ces deux vrais a un effet si surprenant; car alors c'est une imitation parfaite de ce qu'il y a dans la nature de plus spirituel, de plus touchant et de plus parfait.

Tout alors est vraisemblable, parce que tout est vrai; mais tout est surprenant, parce que tout est rare. Tout fait impression, parce que l'on a observé tout ce qui est capable d'en faire : mais rien ne paraît affecté, parce qu'on a choisi le naturel, en choisissant le merveilleux et le parfait.

C'est ce beau vraisemblable qui paraît souvent plus vrai que la vérité même, parce que dans cette union le premier vrai saisit le spectateur, sauve plusieurs négligences, et se fait sentir sans qu'on y pense.

Ce troisième vrai est un but où personne n'a encore atteint. On peut dire seulement que ceux qui en ont le plus approché, sont les plus habiles.

Ce que j'ai rapporté jusqu'ici des par-
s essentielles de la peinture, facilitera
ntelligence de ce qui sera bientôt dit des
intres mêmes dans l'histoire abrégée que
n ferai. Les plus grands maîtres con-
ennent qu'il n'y a jamais eu de peintre
i ait possédé au dernier degré d'excel-
nce toutes les parties de son art. Quel-
ies-uns sont ingénieux dans l'invention,
autres heureux dans le dessin; ceux-là
ussissent dans le coloris, ceux-ci dans
expression : d'autres enfin peignent avec
eaucoup de grace et de beauté. Personne
a encore possédé tous ces avantages à la
is. Ces talens, et plusieurs autres que
i omis, ont toujours été partagés :
plus excellent peintre est celui qui en a
uni en sa personne le plus grand nombre.
L'important est de bien connaître à quoi
ous porte notre naturel. Les hommes
aissent avec un génie déterminé non-seu-
ment pour un certain art, mais pour cer-
ines parties de cet art qui sont les seules
ù ils puissent réussir éminemment. S'ils
ortent de leur sphère, ils deviennent des
ommes au-dessous du médiocre. L'art
joute beaucoup aux talens naturels, mais

ne les supplée point quand ils manquent. Tout dépend du génie. On appelle ainsi l'aptitude qu'un homme a reçue de la nature pour faire bien et facilement certaines choses que les autres ne sauraient faire que très mal, même en se donnant beaucoup de peine. Souvent un peintre plaît sans observer les règles, pendant qu'un autre déplaît en les observant, parce que ce dernier n'a pas le bonheur d'être né avec du génie. Ce génie est le feu qui élève les peintres au-dessus d'eux-mêmes, qui leur fait mettre de l'ame dans leurs figures, et qui leur tient lieu de ce qu'on appelle enthousiasme dans la poésie.

Au reste, quoiqu'un peintre n'excelle pas dans toutes les parties de son art, cela n'empêche pas que la plupart des ouvrages qui partent de la main des grands maîtres ne doivent être regardés comme des ouvrages parfaits dans leur genre, et selon la mesure de perfection dont la faiblesse humaine est capable. La preuve certaine de leur excellence, c'est l'impression subite qu'ils font également sur tous les spectateurs, ignorans ou savans; avec cette seule différence, que les premiers n'en sentent ie le plaisir, et que les autres en connaisnt la raison. En matière d'ouvrage de ɔésie ou de peinture, le sentiment est un ge non récusable; on pleure à une traédie ou à la vue d'un tableau, avant que avoir discuté si l'objet que le poète ou le eintre nous y présente, est un objet caable de toucher par lui-même, et s'il est ien imité. Le sentiment nous apprend ce ui en est, avant que nous ayons pensé à n faire l'examen. Le même instinct qui ous ferait gémir par un premier mouvenent à la rencontre d'une mère qui conluirait son fils au tombeau, nous fait leurer quand la scène ou le tableau nous ont voir l'imitation fidèle d'un pareil évèlement. Le public est donc capable de bien juger des vers et des tableaux sans savoir les règles de la poésie et de la peinture, parce que, comme l'observe Cicéron, tous les hommes, à l'aide du sentiment intérieur que la nature a mis en eux, connaissent, sans savoir les règles, si les productions des arts sont de bons ou de mauvais ouvrages.

On ne sera pas étonné que je mette ici la peinture en parallèle avec la poésie. Tout le monde sait ce mot de Simonide, *que la peinture est une poésie muette, et la poésie une peinture parlante.* Je n'examine point laquelle des deux peut le mieux réussir à représenter un objet et à peindre une image; cette question me mènerait trop loin. Elle a été fort bien traitée par l'auteur des Réflexions critiques sur la Poésie et sur la Peinture, dont j'ai emprunté ici beaucoup de choses. Je me contente d'observer que, comme le tableau qui représente une action, ne nous fait voir qu'un instant de sa durée, le peintre ne peut point exprimer beaucoup de circonstances touchantes qui précèdent ou suivent cet instant, et encore moins faire sentir les passions et les discours, qui en augmentent beaucoup la vivacité : au lieu qu'il est libre au poète de faire l'un et l'autre à loisir, et de leur donner une juste étendue.

Il ne me reste, avant que de passer à l'histoire des peintres, que de donner une idée abrégée des différentes espèces de peinture.

§ III. Avant qu'on eût trouvé le secret de peindre en huile, tous les peintres ne travaillaient qu'à fresque et à détrempe.

On appelle *fresque* une peinture faite r un enduit de mortier encore frais, avec s couleurs détrempées dans de l'eau. Ce avail se fait contre les murailles et les ûtes. La peinture à fresque venant à ncorporer avec le mortier, ne périt et tombe qu'avec lui. Les murs du temple s Dioscures*, à Athènes, avaient été peints fresque par Polygnote et par Diognète ndant la guerre du Péloponèse. Pausa- as remarque que ces peintures s'étaient en conservées jusqu'à son temps, c'est- -dire près de six cents ans depuis celui de olygnote. Les bons peintres cependant, i rapport de Pline, peignaient rarement fresque. Ils ne croyaient pas devoir bor- er leur travail à des maisons particulières, i laisser à la discrétion des flammes des hefs-d'œuvres irréparables. Ils se fixaient des ouvrages portatifs, qu'on pouvait, n cas d'accident, sauver de l'incendie, en s transportant d'un lieu en un autre. Tous les monumens de ces grands peintres, lit Pline, faisaient, pour ainsi dire, la garde dans les palais, dans les temples et

* On appelait ainsi Castor et Pollux, parce qu'ils étaient fils de Jupiter.

dans les villes, pour être en état d'en sortir à la première alarme; et un grand peintre, à proprement parler, était un bien commun et un trésor public qui appartenait à toute la terre.

La *détrempe* est une peinture faite de couleurs délayées seulement avec de l'eau et de la colle, ou de la gomme.

L'invention de *peindre à l'huile* n'a point été connue des anciens. Ce fut un peintre flamand, nommé Jean *Van-Eyck*, mais plus connu sous le nom de Jean de Bruge, qui en trouva le secret, et qui le mit en usage au commencement du quinzième siècle. Ce secret, qui a été si long-temps caché, ne consiste néanmoins qu'à broyer les couleurs avec de l'huile de noix ou de l'huile de lin. Il a été d'un grand secours pour la peinture, parce que toutes les couleurs se mêlant mieux ensemble, font un coloris plus doux, plus délicat et plus agréable, et donnent une union et une tendresse à tout l'ouvrage, qui ne peuvent se faire dans les autres manières. On peint à l'huile contre les murailles, sur le bois, sur la toile, sur les pierres, et sur toutes sortes de métaux.

On prétend que les anciens peintres ne peignaient que sur des tables de bois blanchies avec de la craie, d'où vient le mot *tabula*, tableau; et que l'usage de la toile, parmi les modernes, n'est pas même fort ancien.

Pline, après avoir fait un long dénombrement de toutes les couleurs que la peinture employait de son temps, ajoute: « Sur quoi je ne puis m'empêcher, à la vue d'une si grande variété de couleurs et de coloris, d'admirer la sagesse et l'économie de l'antiquité. Car ce n'est qu'avec quatre couleurs simples et primitives que les anciens peintres ont exécuté ces ouvrages immortels, qui font encore aujourd'hui toute notre admiration : le *blanc* de Mélos, le *jaune* d'Athènes, le *rouge* de Sinope, et le simple *noir*. Voilà tout ce qu'ils ont employé; et néanmoins c'est avec ces quatre couleurs bien ménagées, qu'un Apelle, un Mélanthe, les plus grands peintres qui furent jamais, ont produit ces pièces merveilleuses, dont une seule était d'un tel prix, qu'à peine toutes les richesses d'une ville suffisaient-elles pour l'acheter. » On peut croire que leurs ouvrages auraient été encore plus parfaits, si à ces quatre couleurs ils en avaient ajouté deux, qui sont les plus générales et les plus aimables de la nature : le *bleu* qui représente le ciel, et le *vert* qui habille si agréablement toute la terre.

Les anciens avaient une manière de peindre, qui était fort en usage encore du temps de Pline, qu'ils appelaient *caustique*. C'était une peinture en cire, où le pinceau n'avait que peu ou point de part. Tout l'art consistait à préparer des *cires* de diverses couleurs, et à les appliquer sur le bois ou sur l'ivoire par le moyen du feu.

La miniature (on prononce ordinairement mignature) est une sorte de peinture qui se fait de simples couleurs très fines, détrempées avec de l'eau et de la gomme sans huile. Elle est distinguée des autres peintures en ce qu'elle est plus délicate, qu'elle veut être regardée de près, qu'on ne la peut faire aisément qu'en petit, qu'on ne la travaille que sur du vélin, ou des tablettes.

On peint à l'huile *sur le verre* comme l'on fait sur les jaspes, et les autres pierres fines : mais la plus belle manière d'y travailler, est de peindre sous le verre, c'est-à-dire qu'on voie lès couleurs au travers du verre. On avait autrefois l'art d'incorporer la couleur dans le verre même, comme on le voit à la sainte Chapelle, et dans beaucoup d'autres églises. On dit que ce secret est perdu.

Peindre en émail. L'émail est une espèce de verre coloré. Sa matière fondamentale est de l'étain et du plomb en partie égale, calcinée au feu; à quoi l'on ajoute séparément des couleurs métalliques telles qu'on lui veut donner. *L'émail* se dit aussi de la peinture et du travail qui se fait avec des couleurs minérales qui se cuisent avec le feu. La porcelaine, la faïence, les pots vernissés de terre, sont autant d'espèces d'*émaux*. L'usage d'*émailler* sur la terre est fort ancien, puisque du temps de Porsena, roi des Toscans, on faisait dans ses États des vases émaillés de différentes figures.

Mosaïque. C'est un ouvrage composé de plusieurs petites pièces de rapport, et diversifié de couleur et de figures, mastiquées sur un fond de stuc *. D'abord on en fit des

* *Stuc* est une composition de chaux et de poudre de marbre blanc.

compartimens pour orner les lambris et le pavé. Puis les peintres entreprirent d'en revêtir des murailles, et de faire diverses figures dont ils ornèrent leurs temples et plusieurs autres édifices. Ils employaient pour cela le verre et les émaux, dont ils firent une infinité de petits morceaux de toutes sortes de grosseurs, et coloriés de diverses manières, lesquels ayant un luisant et un poli admirables, font de loin tout l'effet qu'on peut désirer, et résistent comme le marbre même à toutes les injures de l'air. C'est en cela que ce travail surpasse toute sorte de peinture, que le temps efface et consume, au lieu qu'il embellit la mosaïque, qui subsiste si long-temps, qu'on peut dire que sa durée n'a presque point de fin. On voit à Rome, et dans plusieurs endroits de l'Italie, des fragmens de mosaïque antique. On jugerait mal du pinceau des anciens, si l'on voulait en juger sur ces mosaïques. Il est impossible d'imiter avec les pierres et les morceaux de verre dont les anciens se sont servis pour peindre de la sorte, toutes les beautés et tous les agrémens que le pinceau d'un habile homme met dans un tableau.

ARTICLE II.

Histoire abrégée des peintres de la Grèce les plus connus.

Je ne me propose ici de parler que des peintres qui ont eu le plus de réputation, sans examiner qui sont ceux qui les premiers ont fait usage du pinceau. Pline, dans les chapitres 8, 9 et 10 du 35e livre de son Histoire naturelle, me fournira la plus grande partie de ce que j'ai à dire. Je me contente d'en avertir une fois, après quoi je ne le citerai plus que rarement.

PHIDIAS ET PANENUS.

Phidias, qui fleurissait dans la 84e olympiade (3560), a été peintre avant que d'être sculpteur. Il a peint, à Athènes, le fameux Périclès, surnommé l'Olympien, à cause de la majesté et des foudres de son éloquence. J'ai parlé fort au long de Phidias dans l'article de la sculpture. *Panenus* son frère se distingua aussi parmi les peintres de son temps. Il peignit la fameuse journée de Marathon, où les Athéniens défirent en bataille rangée toute l'armée des Perses. Les principaux chefs de part et d'autre étaient représentés dans ce tableau de grandeur naturelle, et d'après une exacte ressemblance.

POLIGNOTE.

Polygnote, fils et disciple d'Aglaophon, était de Thase, île septentrionale de la mer Egée. Il parut avant la 90e olympiade (3582). Il est le premier qui ait donné quelque grace à ses figures, et il contribua beaucoup au progrès de l'art. Avant lui on n'avait pas beaucoup avancé cette partie qui regarde l'expression. D'abord il jeta en fonte quelques statues; mais enfin il revint au pinceau, et s'y distingua en diverses manières.

Mais la peinture qui lui fit le plus d'honneur à tous égards, est celle qu'il fit à Athènes dans le *Pécile**, où il représenta les principaux évènemens de la guerre de Troie. Quelque important et quelque précieux que fût cet ouvrage, il en refusa le paiement par une générosité d'autant plus estimable qu'elle est rare dans les personnes qui tirent du gain de leur art. Le conseil des amphictyons, qui représentait les

* C'était un portique, ainsi appelé à cause de la *variété* des peintures et des ornemens dont il était enrichi.

Etats de la Grèce, l'en remercia par un decret solennel au nom de la nation, et ordonna que dans toutes les villes où il passerait, il serait logé et défrayé aux dépens du public. Mycon, autre peintre qui travailla au même portique, mais d'un côté différent, moins généreux et peut-être moins riche que Polygnote, reçut de l'argent, et par ce contraste augmenta encore la gloire de son confrère.

APOLLODORE.

Ce peintre était d'Athènes, et vivait dans la 93e olympiade (3596). C'est lui qui trouva enfin le secret de représenter au vif, et dans leur plus grande beauté, les divers objets de la nature, non-seulement par la correction du dessin, mais principalement par l'entente du coloris et par la distribution des ombres, des lumières et du clair-obscur, en quoi il porta la peinture à un degré de force et de douceur, où jusque là elle n'avait pu encore parvenir. Pline remarque qu'avant lui il n'y avait point de tableau qui appelât et retînt le spectateur: *Neque ante eum tabula ullius ostenditur, quæ teneat oculos.* L'effet que doit produire toute peinture excellente, est d'attacher les yeux du spectateur, de les rappeler, de les tenir dans l'admiration. Pline le jeune, après avoir décrit d'une manière fort vive une antique de Corinthe qu'il avait achetée, et qui représentait un vieillard debout, termine cette admirable description par ces mots : « Enfin tout y est d'une force à arrêter les yeux des maîtres de l'art, et à charmer ceux des ignorans. » *Talia denique omnia, ut possint artificum oculos tenere, delectare imperitorum.*

ZEUXIS.

Zeuxis, natif d'Héraclée*, apprit les premiers élémens de la peinture vers la 85e olympiade*.

Pline dit qu'ayant trouvé la porte de la peinture ouverte par les soins et l'industrie d'Apollodore son maître, il y entra sans peine, et poussa même le pinceau, qui commençait déjà à s'enhardir, à une gloire très distinguée. *La porte de l'art* est ici l'entente des couleurs et la pratique du clair-obscur, qui était la dernière perfec-

* On ne sait point de quelle Héraclée parlent les auteurs, car il y a plusieurs villes de ce nom. On penche davantage pour Héraclée de Macédoine, ou pour celle qui est dans l'Italie, proche de Crotone.

tion qui manquait à la peinture. Apollodore y avait déjà fait d'heureuses découvertes. Mais comme ceux qui inventent ne perfectionnent pas toujours, Zeuxis, ayant profité des lumières de son maître, porta encore plus loin que lui ces deux excellentes parties. De là vient qu'Apollodore, indigné contre son disciple de cette espèce de larcin qui lui était si honorable, ne put s'empêcher de le lui reprocher fort aigrement dans une satire en vers, et de le traiter de voleur, qui, non content de lui avoir dérobé son art, osait encore s'en parer en tous lieux comme d'un bien légitime.

Toutes ses plaintes ne touchèrent point l'imitateur, et ne servirent qu'à lui faire faire encore de plus grands efforts pour tâcher de se surpasser lui-même après avoir surpassé son maître. Il y réussit parfaitement par les excellens ouvrages qu'il mit au jour, qui lui acquirent en même temps une grande réputation et de grandes richesses. Ce n'est pas ici le bel endroit de Zeuxis. Il fit ostentation de ses richesses d'une manière puérile. Il aima à paraître, et à se donner de grands airs, surtout dans les occasions éclatantes, comme dans les jeux olympiques, où il se faisait voir à toute la Grèce couvert d'une robe de pourpre, avec son nom en lettres d'or sur l'étoffe même.

Quand il fut devenu fort riche, il commença à donner libéralement ses ouvrages, sans en recevoir de récompenses. Il en apportait une raison, qui ne fait pas beaucoup d'honneur à sa modestie. « S'il donnait gratuitement ses ouvrages, c'est, disait-il, qu'aucun prix ne les pouvait payer. J'aurais mieux aimé le laisser dire aux autres.

Une inscription qu'il mit à un de ses tableaux ne marque pas plus de modestie. C'était un *athlète*, dont il fut si content, qu'il ne pouvait s'empêcher de l'admirer, et de s'en applaudir comme d'un chef-d'œuvre inimitable. Il écrivit au bas du tableau un vers grec, dont le sens revient à ceci :

A l'aspect du *lutteur*, dans lequel je m'admire,
En vain tous mes rivaux voudront se tourmenter.
Ils pourront peut-être en médire
Sans pouvoir jamais l'imiter *.

* Ces vers sont de l'auteur de l'*Histoire de la*

Le vers grec se trouve dans Plutarque, mais il est appliqué aux ouvrages d'Apollodore. En voici la traduction :
On le critiquera plus facilement qu'on ne l'imitera.

Zeuxis avait plusieurs rivaux, dont les plus illustres étaient Thimanthe et Parrhasius. Ce dernier entra en concurrence avec lui dans une dispute publique où l'on distribuait les prix de peinture. Zeuxis avait fait une pièce, où il avait si bien peint des raisins, que dès qu'elle fut exposée, les oiseaux s'en approchèrent pour en becqueter le fruit. Sur quoi, transporté de joie, et tout fier du suffrage de ses juges non suspects et non récusables, il demanda à Parrhasius qu'il fît donc paraître incessamment ce qu'il avait à leur opposer. Parrhasius obéit, et produisit sa pièce, couverte, comme il semblait, d'une étoffe délicate en manière de rideau. « Tirez ce rideau, ajouta Zeuxis, et que nous voyions

Peinture ancienne, extraite du livre XXXVe de l'Histoire naturelle de Pline, dont il donne la traduction ou plutôt la paraphrase, avec le texte latin. Ce livre est imprimé à Londres, en 1725. J'y ai trouvé d'excellentes réflexions, dont j'ai fait grand usage.

ce beau chef-d'œuvre. » Ce rideau était le tableau même. Zeuxis avoua qu'il était vaincu; « car, dit-il, je n'ai trompé que des oiseaux, et Parrhasius m'a trompé moi-même qui suis peintre.

Le même Zeuxis, quelque temps après, peignit un jeune homme, qui portait une corbeille de raisins; et, voyant que les oiseaux les venaient aussi becqueter, il avoua avec la même franchise que, si les raisins étaient bien peints, il fallait que la figure le fût bien mal, puisque les oiseaux n'en avaient aucune peur.

Quintilien nous apprend que les anciens peintres s'étaient assujétis à donner à leurs dieux et à leurs héros la physionomie et le même caractère que Zeuxis leur avait donnés, ce qui lui attira le nom de législateur.

Festus rapporte que le dernier tableau de ce peintre fut le portrait d'une vieille, et que cet ouvrage le fit tant rire, qu'il en mourut. Il est étonnant que nul autre auteur que Verrius Flaccus, cité par Festus, n'ait rapporté ce fait. Quoique la chose soit difficile à croire, dit M. de Piles, elle n'est pas sans exemple.

PARRHASIUS.

Parrhasius, natif d'Éphèse, fils et disciple d'Evénor, était, comme on l'a vu, émule de Zeuxis. Ils passaient tous deux pour les plus habiles de leurs temps, qui était le plus beau temps de la peinture ; et Quintilien dit qu'ils l'ont portée à un haut degré de perfection, Parrhasius pour le dessin, et Zeuxis pour le coloris.

Pline fait un éloge et trace un caractère de Parrhasius qui ne laisse rien à désirer. Si on l'en croit, c'est à ce peintre qu'on devait l'observation exacte de la symétrie, c'est-à-dire des proportions : outre cela, les airs de tête spirituels, délicats et passionnés; la distribution élégante des cheveux ; la beauté et la dignité des visages et des personnes; et enfin, du consentement des plus grands maîtres, le finissement et l'arrondissement des figures, en quoi il a surpassé tous ses prédécesseurs, et égalé tous ceux qui l'ont suivi. Pline considère cette partie comme la plus difficile et la plus importante de la peinture : car, dit-il, encore qu'il soit toujours avantageux de bien peindre le milieu des corps; c'est pourtant une chose où plusieurs ont réussi. Mais d'en tracer les contours, les faire fuir, et, par le moyen de ces affaiblissemens, faire en sorte qu'il semble qu'on aille voir d'une figure ce qui en est caché, c'est en quoi consiste la perfection de l'art.

Parrhasius avait été formé dans la peinture par Socrate, à qui un tel disciple ne fit pas peu d'honneur.

Xénophon nous a conservé un entretien court à la vérité, mais bien sensé, où ce philosophe, qui avait été sculpteur dans sa jeunesse, donne à Parrhasius des leçons qui font voir qu'il possédait parfaitement la connaissance de toutes les règles de la peinture.

On convient que Parrhasius excellait dans ce qui regarde les mœurs et les passions de l'ame, ce qui parut bien dans un de ses tableaux qui fit beaucoup de bruit, et lui acquit beaucoup de réputation. C'était une peinture fidèle du *peuple d'Athènes*; qui brillait de mille traits savans et ingénieux, et montrait dans le peintre une richesse d'imagination inépuisable; car, ne voulant rien oublier touchant le caractère de cette nation, il la représenta d'un côté, bizarre, colère, injuste, inconstante; et de l'autre, humaine, clémente, sensible à la pitié; et avec tout cela, fière, hautaine, glorieuse, féroce; et quelquefois même basse, fuyarde et timide. Voilà un tableau peint certainement d'après nature. Mais comment le pinceau peut-il rassembler et réunir tant de traits différens? C'est la merveille de l'art. C'était apparemment un tableau allégorique.

Différens auteurs ont peint d'après nature le portrait de notre peintre. C'était un artisan d'un vaste génie et d'une fertilité d'inventions universelle, mais dont jamais personne n'a approché en fait de présomption, ou plutôt de cette arrogance qu'une gloire justement acquise, mais mal soutenue, inspire quelquefois aux meilleurs ouvriers. Il s'habillait de pourpre; il portait une couronne d'or; il avait une canne fort riche, les attaches de ses souliers étaient d'or, et ses brodequins superbes; enfin il était magnifique en tout ce qui environnait sa personne. Il se donnait à lui-même libéralement les épithètes les plus flatteuses et les noms les plus relevés, qu'ils ne rougissait point d'inscrire au bas de ses tableaux : *le délicat*, *le poli*, *l'élégant* Parrhasius; *le consommateur de l'art*; sorti *originairement d'Apollon*, *et né pour peindre les dieux mêmes*. Il ajoutait qu'à l'égard de son Hercule, « il l'avait représenté précisément, et trait pour trait, tel qu'il lui était souvent apparu en songe. Avec tout ce faste et toute cette vanité, il ne laissait pas de se donner *pour un homme vertueux ;* moins délicat en ce point que M. Despréaux, qui se disait

Ami de la vertu plutôt que vertueux.

Le succès de la dispute qu'eut Parrhasius avec Timanthe dans la ville de Samos, fut bien humiliant pour le premier, et dut coûter beaucoup à son amour-propre. Il s'agissait d'un prix pour celui qui aurait le mieux réussi. La matière du tableau et du combat, était un Ajax outré de colère contre les Grecs de ce qu'ils avaient adjugé les armes d'Achille à Ulysse. Ici, à la pluralité des meilleurs suffrages, la victoire fut adjugée à Timanthe. Le vaincu couvrit sa honte et se dédommagea de sa défaite par un bon mot, qui sent un peu la rodomontade. « Voyez, dit-il, mon héros! Son sort me touche encore plus que le mien propre. Il est vaincu une seconde fois par un homme qui ne le vaut pas. »

PAMPHILE.

Pamphile était d'Amphipolis, sur les confins de la Macédoine et de la Thrace; il est le premier qui joignit l'érudition à la peinture; il s'attacha, sur toutes choses, aux mathématiques, et particulièrement au calcul et à la géométrie, soutenant hautement que sans leurs secours il n'était pas possible d'amener la peinture à sa perfection. On conçoit aisément qu'un tel maître n'avilissait point son art : il ne prenait aucun élève qu'à raison de dix talens pour autant d'années; et ce ne fut qu'à ce marché que Mélanthe et Apelle devinrent ses disciples. Il obtint, d'abord à Sycione, et ensuite par toute la Grèce, l'établissement d'une espèce d'académie, où les enfans de condition libre, qui avaient quelque disposition pour les beaux-arts, étaient élevés et instruits avec soin; et de peur que la peinture ne vînt enfin à s'avilir et à dégénérer, il obtint encore des États de la Grèce un édit sévère, qui l'interdisait absolument aux esclaves.

Le prix excessif que donnaient les élèves

à leurs maîtres, et l'établissement des académies pour les personnes libres avec l'exclusion des esclaves, montrent dans quelle haute considération était cet art, avec quelle émulation on s'y appliquait, et avec quel succès et quelle promptitude il devait parvenir à sa perfection.

Zeuxis, Parrhasius, Mélanthe, et Pamphile étaient contemporains. On les place vers la 95e olympiade (3604).

TIMANTHE.

Timanthe était, selon les uns de Sicyone, et selon d'autres de Cythne, l'une des Cyclades. Son caractère propre était l'invention. Cette partie, si rare et si difficile, ne s'acquiert ni par le travail, ni par les conseils, ni par les préceptes des maîtres : c'est l'effet d'un génie heureux, d'une vive imagination, et de ce beau feu qui anime les peintres aussi bien que les poètes par une sorte d'enthousiasme.

L'Iphigénie de Timanthe, célébrée par les louanges de tant d'écrivains, a été regardée par tous les grands maîtres comme un chef-d'œuvre de l'art dans ce genre; et c'est principalement ce tableau qui a fait dire que ses ouvrages faisaient concevoir plus de choses qu'ils n'en montraient, et que, quoique l'art y fût porté au suprême degré, le génie enchérissait encore sur l'art. Le sujet était beau, grand, tendre, et tout-à-fait propre à la peinture; mais l'exécution y donna tout le prix. Ce tableau représentait Iphigénie, se tenant debout devant l'autel, telle qu'une jeune et innocente princesse qui va être immolée au salut de sa patrie. Elle était environnée de plusieurs personnes, qui toutes s'intéressaient vivement à ce sacrifice, mais néanmoins selon différens degrés. Le peintre avait représenté le prêtre Calchas fort affligé, Ulysse beaucoup plus triste, et Ménélas, oncle de la princesse, avec toute l'affliction qu'il était possible de mettre sur son visage. Restait Agamemnon, père d'Iphigénie, et c'était là où il fallait se surmonter. Cependant tous les traits de la tristesse étaient épuisés. La nature vint au secours de l'art; il n'est pas naturel à un père de voir égorger sa fille : il lui suffit bien d'obéir aux dieux qui la lui demandent, et il lui est permis de se livrer à la plus vive douleur. Le peintre, ne pouvant exprimer celle du père, prit le parti de lui jeter un voile sur les yeux, laissant aux spectateurs à juger de ce qui se passait au fond de son cœur : *Velavit ejus caput, et suo cuique animo dedit æstimandum.*

Cette idée est belle et ingénieuse, et elle a fait beaucoup d'honneur à Timanthe. On ne sait pourtant s'il en est véritablement l'auteur, et il y a beaucoup d'apparence que l'Iphigénie d'Eureupide la lui a fournie; voici l'endroit : *Lorsque Agamemnon vit sa fille qu'on menait dans le bois pour y être sacrifiée, il gémit, et détournant la tête versa des larmes, et se couvrit les yeux de sa robe.*

Un de nos illustres peintres, c'est Le Poussin, a heureusement imité le trait dont je viens de parler, dans son tableau de la mort de Germanicus. Après avoir traité les différens genres d'affliction des autres personnages comme des passions qui pouvaient s'exprimer, il place à côté du lit de Germanicus une femme remarquable par sa taille et par ses vêtemens, qui se cache le visage avec les mains, dont l'attitude entière marque la douleur la plus profonde, et fait clairement entendre que c'est la femme du prince dont on pleure la mort.

Je ne puis m'empêcher de joindre ici un fait très curieux en matière de peinture allégorigue. On appelle ainsi une peinture qui emploie une fiction et un emblème pour exprimer une action véritable.

M. le prince de Condé faisait peindre dans la galerie de Chantilly l'histoire de son père, connu en Europe sous le nom du Grand Condé; il se rencontrait un inconvénient dans l'exécution du projet. Le héros, durant sa jeunesse, s'était trouvé lié d'intérêt avec les ennemis de l'État, et il avait fait une partie de ses belles actions quand il ne portait pas les armes pour sa patrie; il semblait donc qu'on ne devait point faire parade de ces faits d'armes dans la galerie de Chantilly; mais, d'un autre côté, quelques-unes de ces actions, comme le secours de Cambrai, et la retraite de devant Arras, étaient si brillantes, qu'il devait être bien mortifiant pour un fils amoureux de la gloire de son père, de les supprimer dans le monument qu'il élevait à la mémoire de ce héros : il trouva luimême un heureux dénouement : car c'était, non-seulement le prince, mais l'homme de son temps, né avec la conception la plus vive et l'imagination la plus brillante. Il fit donc dessiner la Muse de l'histoire, personnage allégorique mais très connu, qui tenait un livre, sur le dos duquel était écrit : *Vie du prince de Condé.* Cette muse arrachait des feuillets du livre qu'elle jetait par terre, et on lisait sur ces feuilles : *Secours de Cambrai, secours de Valenciennes, retraite de devant Arras;* enfin, le titre de toutes les belles actions du prince de Condé durant son séjour dans les Pays-Bas, actions dont tout était louable, à l'exception de l'écharpe qu'il portait quand il les fit. Malheureusement ce tableau n'a pas été exécuté suivant une idée si ingénieuse et si simple. Le prince qui avait conçu une idée si noble, eut en cette occasion un excès de complaisance, et déférant trop à l'art, il permit au peintre d'altérer l'élégance et la simplicité de sa pensée par des figures qui rendent le tableau plus composé, mais qui ne lui font rien dire de plus que ce qu'il disait déja d'une manière si sublime. J'ai tiré ce récit des Réflexions critiques sur la poésie et sur la peinture.

APELLE.

Apelle, que la renommée a mis au-dessus de tous les peintres, parut enfin dans la 112e olympiade (3672). Il était de l'île de Cos, fils de Pithius, et disciple de Pamphile. Il est quelquefois appelé Éphésien, parce qu'il s'établit à Éphèse, où sans doute un homme d'un tel mérite obtint bientôt le droit de bourgeoisie.

Il a eu la gloire de contribuer lui seul, plus que tous les autres ensemble, à la perfection de la peinture, non-seulement par ses excellens ouvrages, mais par ses écrits, ayant composé trois volumes sur les principaux secrets de son art, qui subsistaient encore du temps de Pline, mais qui malheureusement ne sont pas parvenus jusqu'à nous.

Le fort de son pinceau a été la *grace*, c'est-à-dire ce je ne sais quoi de libre, de noble, et de doux en même temps, qui touche le cœur et qui réveille l'esprit. Quand il louait et admirait les ouvrages de ses confrères, ce qu'il faisait fort volontiers, après avoir avoué qu'ils excellaient dans toutes les autres parties, il ajoutait que la grace leur manquait, mais que pour lui cette qualité lui était échue en partage, et que personne ne pouvait lui en disputer la palme. Ingénuité qui se pardonne aux hommes d'un vrai mérite, quand elle ne vient point d'orgueil et de fierté.

La manière dont il fit connaissance et lia une étroite amitié avec Protogène, célèbre peintre de son temps, est assez curieuse et mérite d'être rapportée. Protogène vivait à Rhodes, connu d'Apelle seulement de réputation et par le bruit de ses tableaux. Celui-ci, voulant s'assurer de la beauté de ses ouvrages par ses propres yeux, fit un voyage exprès à Rhodes. Arrivé chez Protogène, il n'y trouva qu'une vieille femme qui gardait l'atelier de son maître, et un tableau monté sur le chevalet, où il n'y avait encore rien de peint. La vieille lui demandant son nom : « Je vais le mettre ici, lui dit-il : » et prenant un pinceau avec de la couleur, il dessina quelque chose d'une extrême délicatesse. Protogène, à son retour, ayant appris de la servante ce qui s'était passé, et considérant avec admiration les traits qui avaient été dessinés, ne fut pas long-temps à en deviner l'auteur. « C'est Apelle! s'écria-t-il : il n'y a que lui au monde qui soit capable d'un dessin de cette finesse et de cette légèreté. » Et prenant d'une autre couleur, il fit sur les mêmes traits un contour plus correct et plus délicat; et dit à sa gouvernante que, si l'étranger revenait, elle n'avait qu'à lui montrer ce qu'il venait de faire, et l'avertir en même temps que c'était là l'ouvrage de l'homme qu'il était venu chercher. Apelle revint bientôt après : mais, honteux de se voir inférieur à son émule, il prit une troisième couleur, et, parmi les traits qui avaient été faits, il en conduisit de si savans et de si merveilleux, qu'il y épuisa toute la subtilité de l'art. Protogène ayant distingué ces derniers traits : « Je suis vaincu, dit-il, et je cours embrasser mon vainqueur. » En effet, il vola au port à l'instant, où ayant trouvé son rival, il lia avec lui une étroite amitié, qui depuis ne se démentit jamais : chose assez rare entre deux personnes du premier mérite, et qui courent dans la même carrière! Ils convinrent entre eux, par rapport au tableau où ils s'étaient escrimés, de le laisser à la postérité tel qu'il était, sans y toucher davantage, prévoyant bien, comme en effet cela arriva, qu'il ferait un jour l'admiration de tout le monde, et particulièrement des connaisseurs et des maîtres de l'art. Mais ce précieux monument des deux plus grands peintres qui furent jamais, fut réduit en cendres au premier embrasement de la maison d'Auguste, dans le palais où il était exposé à la curiosité des spectateurs, toujours nouvellement surpris, au milieu de quantité d'autres des plus excellens et des plus finis, de ne trouver dans celui-ci qu'une espèce de vide, d'autant plus admirable, qu'on n'y voyait que trois dessins au simple trait et de la dernière finesse, qui échappaient à la vue par leur subtilité, et qui par cela même devenaient encore plus estimables et plus attrayans pour de bons yeux.

C'est à peu près de cette sorte qu'il faut entendre l'endroit de Pline, dans ces mots, *arrepto penicillo lineam ex colore duxit summæ tenuitatis per tabulam*. Par *lineam* il ne faut pas entendre une simple ligne de géométrie, mais un trait de pinceau. Cela est contraire au bon sens, dit M. de Piles, et choque tous ceux qui savent un peu ce que c'est que peinture.

Quoique Apelle fût fort exact dans ses ouvrages, il savait jusqu'à quel point il devait travailler sans fatiguer son esprit, et ne poussait point l'exactitude jusqu'au scrupule. Il dit un jour, parlant de Protogène, qu'il avouait que ce rival pouvait lui être égalé, et même préféré pour tout le reste, mais *qu'il ne savait pas quitter le pinceau*, et qu'il gâtait souvent les belles choses qu'il faisait à force de les vouloir perfectionner. Parole mémorable, dit Pline, et qui marque qu'une trop grande exactitude devient souvent nuisible !

Ce n'est pas qu'Apelle approuvât la négligence dans ceux qui se mêlaient de peinture. Il pensait bien autrement, et pour lui-même, et pour les autres. Il ne passait aucun jour de sa vie, quelque occupation étrangère qu'il eût d'ailleurs, sans s'exercer au crayon, à la plume ou au pinceau, tant pour se conserver la main libre et légère, que pour se perfectionner de plus en plus dans toutes les finesses d'un art qui n'a point de bornes.

Un de ses disciples lui montrant un tableau pour savoir ce qu'il en pensait, et ce disciple lui disant qu'il l'avait fait fort vite, et qu'il n'y avait employé qu'un certain temps : « Je le vois bien sans que vous me le disiez, répondit Apelle, et je suis étonné que dans ce peu de temps-là même vous n'en ayez pas fait davantage de cette sorte. »

Un autre peintre lui faisant voir le tableau d'une Hélène qu'il avait peinte avec soin, et qu'il avait ornée de beaucoup de pierreries, il lui dit : « O mon ami, n'ayant pu la faire belle, vous avez voulu du moins la faire riche. »

S'il disait son sentiment avec simplicité, il recevait de la même manière celui des autres. Sa coutume était, quand il avait achevé un ouvrage, de l'exposer aux yeux des passans, et d'entendre, caché derrière un rideau, ce qu'on en disait, dans le dessein de corriger les défauts que l'on pourrait y remarquer. Un cordonnier ayant trouvé qu'il manquait quelque chose à une sandale, le dit librement; et la critique était juste. Repassant le lendemain par le même endroit, il vit que la faute avait été corrigée. Tout fier de l'heureux succès de sa critique, il s'avisa de censurer aussi une jambe, à laquelle il n'y avait rien à rédire. Le peintre alors, sortant de derrière sa toile, avertit le cordonnier de se renfermer dans son métier, et dans ses sandales. C'est ce qui donna lieu au proverbe, *ne, sutor, ultra crepidam* : c'est-à-dire :

Savetier,
Fais ton métier
Et garde-toi surtout d'élever ta censure
Au-dessus de la chaussure.

Apelle rendait justice avec joie au mérite des grands ouvriers, et ne rougissait point de se les préférer à lui-même pour de certaines qualités. Ainsi il avouait ingénuement qu'Amphion l'emportait sur lui pour la disposition, et Asclépiodore pour la régularité du dessin. Nous avons vu le jugement avantageux qu'il portait de Protogène. Il ne s'en tint pas à de simples paroles.

Cet excellent peintre n'était pas beaucoup estimé de ses compatriotes, comme il arrive assez ordinairement. Pendant qu'Appelle était avec lui à Rhodes, lui ayant demandé un jour ce qu'il vendait ses ouvrages lorsqu'il y avait mis la dernière main, et l'autre lui ayant marqué une somme très modique : *Et moi*, reprit Apelle, *je vous en offre cinquante talens**

* C'est-à-dire cinquante mille écus. Cette

pour chacun, et je les prendrai tous à ce prix; en ajoutant qu'il ne serait point en peine de s'en défaire, et qu'il les vendrait comme étant de sa propre main. Cette offre, qui était sérieuse, fit ouvrir les yeux aux Rhodiens sur le mérite de leur peintre, qui, de son côté s'en prévalut, et ne livra plus ses tableaux qu'à un prix très considérable.

La souveraine habileté dans la peinture n'était pas le seul mérite d'Apelle. La politesse, la connaissance du monde, les manières douces, insinuantes, spirituelles, le rendirent fort agréable à Alexandre-le-Grand, qui ne dédaignait pas d'aller souvent chez le peintre, tant pour jouir des charmes de sa conversation, que pour le voir travailler, et devenir le premier témoin des merveilles qui sortaient de son pinceau. Cette affection d'Alexandre pour un peintre qui était poli, agréable, délicat, ne doit pas étonner. Un jeune monarque se passionne aisément pour un génie de ce caractère, qui joint à la bonté de son cœur, la beauté de l'esprit et la délica-

somme me paraît exorbitante. Il est assez ordinaire qu'il se glisse quelque erreur dans les chiffres.

tesse du pinceau. Ces sortes de familiarités entre les héros de divers genres, ne sont pas rares, et font honneur aux princes.

Alexandre avait une si haute idée d'Apelle, qu'il donna un édit pour déclarer que sa volonté était de n'être peint que par lui, de même qu'il ne donna permission par le même édit qu'à Pyrgotèle de graver ses médailles, et à Lysippe de le représenter par la fonte des métaux.

Il arriva qu'un des principaux courtisans d'Alexandre se trouvant un jour chez Apelle lorsqu'il peignait, se répandit en questions ou en réflexions peu justes sur la peinture, comme il est ordinaire à ceux qui veulent parler d'un art qu'ils ignorent. Apelle, qui était en possession de s'expliquer librement avec les plus grands seigneurs, lui dit : « Voyez-vous ces jeunes garçons qui broient mes couleurs? Pendant que vous gardiez le silence, ils vous admiraient, éblouis de l'éclat de votre pourpre, et de l'or qui brille sur vos habits. Depuis que vous avez commencé à parler de choses que vous n'entendez point, ils ne cessent de rire. » C'est Plutarque qui rapporte ce fait. Selon Pline, c'est à Alexandre lui-même qu'Apelle osa faire cette leçon, mais d'une manière plus douce, en lui conseillant seulement de s'expliquer avec plus de réserve devant ses ouvriers : tant le peintre bel-esprit avait acquis d'ascendant sur un prince qui faisait déja la terreur et l'admiration du genre humain, et qui était naturellement colère! Alexandre lui donna d'autres marques encore plus extraordinaires de son affection et de ses égards.

Le caractère simple et ouvert d'Apelle ne revenait pas également à tous les généraux du jeune monarque. Ptolémée, l'un d'eux, qui dans la suite eut en partage le royaume d'Égypte, n'avait pas été des plus favorables à notre peintre; on n'en sait pas la raison. Quoi qu'il en soit, Apelle s'étant embarqué, quelque temps après la mort d'Alexandre, pour une ville de la Grèce, fut malheureusement jeté par la tempête du côté d'Alexandrie, où le nouveau roi ne lui fit aucun accueil. Outre cette mortification à laquelle il devait s'attendre, il y trouva des envieux assez malins pour chercher à le faire tomber dans un piège. Dans cette vue, ils engagèrent un des officiers de la cour à l'inviter au souper du roi comme de sa part, ne doutant point que cette liberté, qu'il paraîtrait avoir prise de lui-même, ne lui attirât l'indignation d'un prince qui ne l'aimait pas, et qui ne savait rien de la supercherie. En effet, Apelle s'y étant rendu par déférence, le roi, irrité de son audace, lui demanda brusquement qui était celui de ses officiers qui l'avait appelé à sa table; et lui montrant de la main ses invitateurs ordinaires, il ajouta qu'il voulait savoir absolument qui d'eux lui avait fait prendre cette hardiesse. Le peintre, sans s'émouvoir, se tira de ce pas en homme d'esprit et en dessinateur consommé. Il prit d'un réchaud qui était là un charbon éteint, et en trois ou quatre coups il crayonna sur-le-champ contre la muraille l'ébauche de celui qui l'avait invité, au grand étonnement de Ptolémée, qui reconnut, dès les premiers traits, le visage de l'imposteur. Cette aventure le réconcilia avec le roi d'Égypte, qui le combla ensuite de biens et d'honneurs.

Mais elle ne le réconcilia pas avec l'envie, qui n'en devint que plus animée. On l'accusa', quelque temps après, devant le prince d'avoir tramé avec Théodote * la conjuration qui avait éclaté contre lui dans la ville de Tyr. Ce fut un autre peintre de réputation, nommé Antiphile, qui se porta pour délateur. L'accusation n'avait pas la moindre vraisemblance. Apelle n'avait point été à Tyr : il n'avait jamais vu Théodote : il n'était ni d'un caractère ni d'une profession propre à tramer un tel complot : l'accusateur, peintre comme lui, mais bien inférieur en mérite et en réputation, pouvait être, sans injure, soupçonné de jalousie de métier. Mais le prince, sans rien écouter, sans rien examiner, comme cela n'est que trop ordinaire, tenant Apelle pour coupable, éclata en plaintes contre son ingratitude et son mauvais cœur; et il aurait été conduit au supplice, sans la confession volontaire d'un des complices, qui, touché de compassion pour l'innocent près d'être mis à mort, s'avoua lui-même criminel, et déclara qu'Apelle n'avait eu aucune part à la conjuration. Le roi, confus d'avoir ajouté foi si légèrement à la ca-

* On accuse ici Lucien d'un grossier anachronisme.

lomnie, lui rendit son amitié, le gratifia même de cent talens pour le dédommager de l'injure qu'il lui avait faite, et lui livra Antiphile pour être son esclave.

Apelle, de retour à Éphèse, se vengea de tous ses ennemis par un excellent tableau de la calomnie, dont voici l'ordonnance. A la droite du tableau est assis un homme d'éclat et d'autorité, qui a de grandes oreilles à peu près comme Midas, et qui tend la main à la calomnie, comme pour l'inviter de s'approcher. A ces côtés sont deux femmes, dont l'une représente l'*ignorance*, et l'autre le *soupçon*.

La *calomnie* paraît s'avancer. C'est une femme d'une grande beauté. On entrevoit sur son visage et dans sa démarche je ne sais quoi de violent et d'emporté, comme d'une personne animée de colère et de fureur. D'une main, elle tient un flambeau pour allumer le feu de la division et de la discorde, et, de l'autre, elle traîne par les cheveux un jeune homme qui tend les mains vers le ciel, et qui implore l'assistance des dieux. Devant elle marche un homme, qui a le visage pâle, le corps sec et décharné, les yeux perçans, et qui semble mener la bande : c'est l'envie. La calomnie est accompagnée de deux autres femmes, qui l'excitent, qui l'animent, et qui s'empressent autour d'elle pour relever ses attraits et ses atours. A leur air composé, on conjecture que c'est la *ruse* et la *trahison*. Enfin, après tous les autres, suit le *repentir*, couvert d'un habit noir et déchiré, qui, avec beaucoup de confusion et de larmes, tournant la tête en arrière, reconnaît dans le lointain la *vérité*, qui s'approche environnée de lumière. Telle fut la vengeance utile et ingénieuse de ce grand homme. Je ne crois pas qu'il eût été sûr pour lui, pendant qu'il était en Égypte, de tracer ou du moins de produire au jour un pareil tableau. Ces grandes oreilles, cette main étendue vers la calomnie comme pour l'inviter d'approcher, et d'autres traits semblables, ne font pas d'honneur à celui qui y tient le premier rang, et marquent un prince soupçonneux, crédule, ouvert à la fraude, et qui semble appeler les délateurs.

Pline fait un long dénombrement des tableaux d'Apelle. Celui d'Antigone est un des plus renommés. Ce prince n'avait qu'un eil : il le peignit tourné de côté, pour couvrir cette difformité. On prétend que c'est lui qui le premier a trouvé l'art du profil.

Il fit plusieurs portraits d'Alexandre, dont l'un surtout fut regardé comme l'un de ses tableaux les plus achevés. Il y était représenté la foudre à la main. Ce tableau fut fait pour le temple de la Diane des Éphésiens. Il semble, dit Pline qui l'avait vu, que la main du héros, avec la foudre, sorteut réellement du tableau. Aussi ce prince disait-il lui-même, qu'il comptait deux Alexandres : l'un de Philippe, qui était invincible; l'autre d'Apelle, qui était inimitable.

Pline parle d'un de ses tableaux, qui devait être d'une grande beauté; il l'avait fait pour une dispute publique entre les peintres : le sujet qu'on leur avait proposé était une cavale. S'apercevant que la brigue allait faire adjuger le prix à quelqu'un de ses rivaux, il en appela du jugement des hommes à celui des animaux muets, mais plus équitables que les hommes. Il fit présenter les tableaux des autres peintres à des chevaux qu'il avait fait venir exprès, qui demeurèrent immobiles devant ces premiers tableaux, et ne hennirent que devant celui d'Apelle.

On prétend que sa Vénus, surnommée *Anadryomène*, c'est-à-dire, qui sort de la mer, était son chef-d'œuvre. Pline dit que cette pièce fut célébrée par les vers des plus grands poètes, et que si la peinture y a été surpassée par la poésie, aussi en a-t-elle été illustrée. Apelle en avait fait une autre à Cos, sa patrie, qui, selon lui et selon tous les connaisseurs, devait surpasser la première, mais la mort envieuse l'arrêta au milieu de l'ouvrage; il ne se trouva personne depuis qui osât y porter le pinceau. On ne sait si c'est cette seconde Vénus, ou la première, qu'Auguste acheta de ceux de Cos, en leur remettant la somme de cent talens du tribut qui leur avait été imposé de la part de la république romaine. Si c'est celle-ci, comme il y a beaucoup d'apparence, elle eut un sort aussi triste que l'autre, et même encore plus funeste. Dès le temps d'Auguste, l'humidité en avait déja gâté la partie inférieure. On chercha quelqu'un de la part du prince pour la retoucher; mais il ne se trouva personne qui fût assez hardi pour l'entrerendre; ce qui augmenta la gloire du peintre grec, et la réputation de l'ouvrage même. Enfin cette belle Vénus, que personne n'osait toucher par vénération ou par timidité, fut insultée par les vers, qui s'y mirent dans le bois, et la dévorèrent. Néron, qui régnait alors, en mit une autre à la place, de la main d'un peintre peu connu.

Pline fait souvenir le lecteur que tant de merveilleux tableaux, qui faisaient l'admiration de tous les bons connaisseurs, étaient peints simplement avec les quatre couleurs primitives dont il a été parlé.

Apelle forma plusieurs élèves, qui profitèrent de ses inventions; mais, dit Pline, une chose en quoi personne n'a pu pénétrer son secret, est la composition d'un certain vernis, qu'il appliquait à ses tableaux pour leur conserver pendant une longue suite de siècles toute leur fraîcheur et toute leur force. Il tirait trois avantages de ce vernis; 1° il donnait du lustre aux couleurs quelles qu'elles fussent, et les rendait plus moelleuses, plus unies et plus tendres, ce qui est maintenant l'effet de l'huile; 2° il garantissait ses ouvrages de l'ordures et de la poussière ; 3° il ménageait la vue du spectateur qui s'éblouit facilement, en tempérant les couleurs vives et tranchantes par l'interposition de ce vernis, qui tenait lieu de verre à ses ouvrages.

ARISTIDE.

Un des plus fameux contemporains d'Apelle, était Aristide, de Thèbes. A la vérité il ne possédait pas l'élégance et les graces dans le même degré qu'Apelle ; mais il est le premier qui, par génie et par étude, se soit fait des règles sûres pour peindre l'ame, c'est-à-dire les sentimens les plus intimes du cœur. Il excellait dans les passions fortes et véhémentes, aussi bien que dans les passions douces; mais son coloris avait quelque chose de dur et d'austère.

On a de lui cet admirable tableau (c'est toujours Pline qui parle), où, dans le sac d'une ville, est représentée une *mère* qui expire d'un coup de poignard qu'elle a reçu dans le sein, et un *enfant* qui se traîne jusqu'à sa mamelle pour la téter. On voit sur le visage de cette femme, quoique mourante, les sentimens les plus vifs, et les soins les plus empressés de la tendresse aternelle. Elle paraît sentir le danger de on fils, et craindre qu'au lieu du lait qu'il nerche, il ne trouve que sang. On dirait ue Pline a le pinceau à la main, tant il eint avec de vives couleurs tout ce qu'il écrit. Alexandre, qui aimait tant les belles hoses, fut si enchanté de cette pièce, qu'il a fit emporter de Thèbes où elle était, à 'ella, lieu de sa naissance, ou du moins ui passait pour tel.

Le même peignit encore la bataille des Grecs contre les Perses, où il fit entrer lans un seul cadre jusqu'à cent personnages, à raison de mille drachmes * (cinq cents livres) pour chaque figure, par accord fait entre lui et le tyran Mnason, qui régnait alors à Elatée dans la Phocide. J'ai parlé ailleurs d'un Bacchus, qui était regardé comme le chef-dœuvre d'Aristide, et qui fut trouvé à Corinthe lors de sa prise par Mummius.

Il était si habile à exprimer la langueur, tant du corps que de l'ame, qu'Attale, grand connaisseur en ces sortes de choses, ne fit point difficulté de donner cent talens pour

* Le texte porte *dix mines*. La mine valait cent drachmes, et la drachme dix sols.

un de ses tableaux, où il ne s'agissait que d'une expression de cette nature. Il n'y a que des richesses aussi immenses que celles d'Attale, qui étaient passées en proverbe *Attalicis conditionibus*, qui puissent rendre vraisemblable un prix si exorbitant pour un seul tableau.

PROTOGÈNE.

Protogène était de Caune, ville située sur la côte méridionale de l'île de Rhodes, dont elle dépendait; il n'était d'abord occupé qu'à peindre des navires, et vécut long-temps dans une grande pauvreté. Peut-être ne lui fut-elle pas si nuisible : car souvent elle évertue les hommes, et est la sœur, ou plutôt la mère du bon esprit; il parvint, dans les ouvrages où il fut employé à Athènes, à faire l'admiration du peuple le plus savant du monde.

Son tableau le plus fameux est l'Ialyse : c'était un grand chasseur, fils ou petit-fils du soleil, et fondateur de Rhodes. Ce qu'on admirait le plus dans ce tableau, était l'écume qui sortait de la gueule du chien. J'ai rapporté au long cette histoire en parlant du siège de Rhodes.

Un autre tableau de Protogène fort renommé, était le Satyre appuyé contre une colonne; il le travaillait dans le même temps du siège de Rhodes: c'est pourquoi on disait qu'*il l'avait peint sous l'épée*. D'abord il y avait une perdrix perchée sur la colonne; mais parce que les gens du lieu, ayant vu le tableau nouvellement exposé, donnaient toute leur attention et toute leur admiration à la perdrix, et ne disaient rien du satyre qui était bien plus admirable, et que des perdrix apprivoisées, qu'on apporta à cet endroit, jetèrent des cris à la vue de celle qui était sur la colonne comme si elle eût été vivante; le peintre, indigné de ce mauvais goût, qui selon lui faisait tort à sa réputation, demanda permission aux directeurs du temple où le tableau était consacré, de retoucher à son ouvrage: ce qui lui ayant été accordé, il effaça la perdrix.

Il peignit aussi la mère d'Aristote, son bon ami. Ce philosophe célèbre, qui avait cultivé toute sa vie les sciences et les beaux-arts, estimait beaucoup les talens de Protogène. Il aurait même souhaité qu'ils les eût employés plus dignement qu'à peindre des chasseurs, ou des satyres, ou à faire des portraits. Aussi, lui proposait-il, pour sujet de son pinceau, les batailles et les conquêtes d'Alexandre, comme plus favorables à la peinture par la grandeur des idées, par la noblesse des expressions, par la variété des évènemens, et par l'immortalité des choses mêmes. Mais un certain goût particulier, une certaine pente naturelle pour des sujets plus tranquilles et plus gracieux le tournèrent plus du côté des ouvrages qu'on vient de dire. Tout ce que le philosophe put enfin obtenir du peintre, fut le portrait d'Alexandre, mais sans bataille. Il est dangereux de vouloir tirer les habiles ouvriers de leur goût et de leur talent naturel.

PAUSIAS.

Pausias était de Sicyone. Il se distingua surtout dans un genre particulier de peinture appelé *caustique*, parce qu'on fait tenir les couleurs sur le bois ou sur l'ivoire par le moyen du feu. Il eut pour maître dans ce genre de peinture Pamphile, qu'il laissa beaucoup derrière lui. Il commença le premier à décorer les voûtes et les lambris de ces sortes de peinture. On avait de lui plusieurs ouvrages considérables. Pausanias parle d'une *Ivresse*, si bien peinte, dit-il, qu'on aperçoit à travers un grand verre qu'elle vide, tous les traits de son visage enluminé.

La courtisane de Clycère, de Sicyone comme lui, excellait dans l'art de faire des couronnes, et elle en était regardée comme l'inventrice. Pausias, pour lui plaire et pour l'imiter, s'appliqua aussi à peindre des fleurs. On vit alors un beau combat entre l'art et la nature, chacun de son côté faisant des efforts extraordinaires pour l'emporter sur son émule, sans qu'il fût presque possible d'adjuger la victoire ni à l'un ni à l'autre.

Pausias passa la plus grande partie de sa vie à Sicyone sa patrie, qui était comme la mère nourricière des peintres et de la peinture. Il est vrai que cette ville se trouvant fort endetté dans les derniers temps, jusque-là que tous ses tableaux publics et particuliers furent engagés pour de grosses sommes; M. Scaurus, beau-fils de Sylla par Métella sa mère, dans le dessein d'immortaliser la gloire de son édilité, paya tous ses créanciers, retira de leurs mains toutes les pièces des plus fameux peintres, et entr'autres celles de Pausias, les transporta à Rome et les plaça toutes dans ce fameux théâtre qu'il fit élever jusqu'à trois étages, tous soutenus par des colonnes magnifiques de trente-huit pieds de haut, au nombre de trois cent soixante, et embellis par des statues de marbre et de bronze, et par des peintures antiques des meilleurs maîtres. Ce théâtre ne devait durer qu'autant de temps que la célébration des jeux. Pline dit de cette édilité, qu'elle fut la ruine des mœurs, et qu'elle en acheva le renversement. *Cujus (M. Scauri.) nescio an ædilitas maxime prostaverit mores civiles;* et il va jusqu'à dire qu'elle fit plus de tort à Rome que la sanglante proscription de Sylla son beau-père, laquelle fit périr tant de milliers de citoyens romains.

Nicias d'Athènes se distingua fort parmi les peintres. On avait de lui un grand nombre de tableaux qui étaient extrêmement estimés, celui où il avait décrit la descente d'Ulysse aux enfers. Attale, ou plutôt selon Plutarque, Ptolémée, lui offrit pour ce tableau soixante talens, c'est-à-dire soixante mille écus; ce qui paraît à peine croyable : mais il les refusa et en fit présent à sa patrie. Il travaillait à cet ouvrage avec une telle application, que souvent il ignorait quelle heure il était, et qu'il demandait à son domestique : *Ai-je dîné?* Quand on voulait savoir de Praxitèle lequel de ces ouvrages de marbre il estimait le plus : «Celui, disait-il, auquel Nicias à mis la main.» Il marquait par-là le vernis excellent que ce peintre ajoutait à ses statues de marbre qui en relevait l'éclat.

Je passe sous silence beaucoup d'autres peintres habiles, mais moins connus et moins illustres que ceux dont j'ai parlé, et qui ont fait tant d'honneur à la Grèce.

Il est fâcheux que leurs ouvrages ne soient point parvenues jusqu'à nous, et qu'on ne soit pas en état de juger de leur mérite par ses propres yeux. Nous pouvons bien comparer la sculpture antique avec la nôtre, parce que nous sommes certains d'avoir encore aujourd'hui les chefs-d'œuvre de la sculpture grecque, c'est-à-dire ce qui s'est fait de plus beau dans l'antiquité. Les Romains, dans le siècle de leur plus grande splendeur, qui fut celui d'Auguste, ne disputaient aux Grecs que l'habileté dans la science du gouvernement. Ils les reconnurent pour leurs maîtres dans les arts, et nommément dans l'art de la sculpture.

Excudent alii spirantia molliùs æra,
Credo equidem; vivos ducent de marmore vultus.
Tu regere imperio populos, Romane, memento;
Hæ tibi erunt artes. *Virg. Æn.* lib, VI.

Ce que j'ai rapporté de Michel-Ange, qui donna si hautement la préférence au Cupidon de Praxitèle sur le sien, est une preuve bien claire que Rome la moderne ne le disputait pas plus aux Grecs pour la sculpture, que l'ancienne Rome.

On ne peut pas juger de même à quel point les peintres de l'antiquité ont réussi. Cette question ne peut être décidée sur de simples récits. Il faut, pour juger, avoir des pièces de comparaison; elles nous manquent. Il reste quelques peintures mosaïques de l'antiquité à Rome, mais peu peintes au pinceau; encore sont-elles endommagées. D'ailleurs, ce qui nous reste et ce qui était à Rome sur les murailles, n'a été fait que long-temps après la mort des peintres célèbres de la Grèce.

Il faut pourtant avouer que, tout bien considéré, les préjugés sont extrêmement favorables pour l'antiquité par rapport même à la peinture. Du temps de Crassus, que Cicéron fait parler dans ses livres de l'*Orateur*, on ne se lassait point d'admirer les ouvrages des anciens peintres, et on était bientôt dégoûté de ceux des modernes, parce que dans les premiers on trouvait un goût de dessin et d'expression qui perpétuait les extases des connaisseurs, et que dans les autres on ne trouvait presque que la variété du coloris. Je ne sais, dit Crassus, comment il arrive que les choses qui nous frappent le plus d'abord par leur vivacité, et qui nous font même plaisir par cette surprise, nous dégoûtent et nous rassasient presque aussitôt. Prenons par exemple nos peintures modernes. Qu'y a-t-il de plus brillant et de plus fleuri? Quelle beauté! quelle variété de couleurs! Quelle supériorité n'ont-elles pas à cet égard sur les anciennes! Cependant toutes ces pièces nouvelles qui nous charment à la première vue, ne nous arrêtent pas: et, au contraire, nous ne laissons point de contempler les autres, malgré toute la simplicité et la grossièreté même de leur coloris. » Cicéron n'en apporte pas la raison. Denys d'Halicarnasse, qui vivait aussi du temps d'Auguste, nous la marque. « Les anciens, dit-il, étaient de grands dessinateurs qui entendaient parfaitement toute la grace et toute la force des expressions, quoique leur coloris fût simple et peu varié. Mais les peintres modernes, qui excellent dans le coloris et dans les ombres, ne dessinent pas à beaucoup près si bien, et ne traitent pas les passions avec le même succès. » Ce double témoignage nous laisse entrevoir que les anciens n'avaient pas moins réussi dans la peinture que dans la sculpture : et leur supériorité dans celle-ci n'est pas contestée. Il paraît au moins, pour ne rien outrer, que les anciens avaient poussé la partie du dessin, du clair-obscur, de l'expression et de la composition, aussi loin que les modernes les plus habiles peuvent l'avoir fait; mais que pour le coloris ils leur étaient de beaucoup inférieurs.

Je ne puis terminer ce qui regarde la peinture et la sculpture sans déplorer l'abus qu'en en ont fait ceux qui ont le plus excellé : je parle également des anciens et des modernes. Tous les arts en général, mais surtout les deux dont nous parlons, si estimables par eux-mêmes, si dignes d'admiration, qui produisent des effets si merveilleux, qui savent, par quelques coups de ciseau animer le marbre et le bronze, et par l'heureux mélange de quelques couleurs représenter au vif tous les objets de la nature : ces arts, dis-je, doivent un hommage particulier à la vertu, pour l'honneur et l'avancement de laquelle l'auteur et l'inventeur primitif de tous les arts, c'est-à-dire la divinité même, les a singulièrement destinés.

C'est l'usage que les payens mêmes croyaient devoir faire de la sculpture et de la peinture, en les consacrant aux portraits des grands hommes, et à l'expression de leurs belles actions. Fabius, Scipion, et les autres illustres personnages de Rome, avouaient qu'à la vue des images de leurs prédécesseurs, ils se sentaient extraordinairement animés à la vertu. Ce n'était pas la cire dont ces figures étaient formées, ni ces figures mêmes, qui produisaient sur leurs esprits de si fortes impressions, mais la vue des grands hommes et des grandes actions dont elles renouvelaient et perpétuaient le souvenir, et leur inspiraient en même temps un vif désir de les imiter.

Polybe remarque que ces images, c'est-à-dire les bustes de cire qu'on exposoit aux jours solennels dans la salle des magistrats romains, et qu'on portait avec pompe dans leurs funérailles, allumaient une ardeur incroyable dans l'esprit des jeunes gens, comme si ces grands hommes, sortis de leurs tombeaux et pleins de vie, les eussent animés de vive voix à marcher sur leurs traces.

Agrippa, gendre d'Auguste, dans une harangue magnifique, et digne du premier et du plus grand citoyen de Rome, faisait voir par plusieurs raisons, dit Pline, combien il serait utile à la république d'exposer publiquement dans la capitale les plus belles pièces de l'antiquité en tout genre, pour exciter parmi les jeunes gens une noble émulation : ce qui, sans doute, ajoute-t-il, aurait bien mieux valu, que de les reléguer à la campagne dans les jardins ou autres lieux de plaisance des particuliers.

En effet, Aristote dit que les sculpteurs et les peintres enseignent à former les mœurs par une méthode plus courte et plus efficace que celle des philosophes, et qu'il est des tableaux aussi capables de faire rentrer en eux-mêmes les hommes vicieux que les plus beaux préceptes de morale. Saint

Grégoire de Nazianze rapporte l'histoire d'une courtisane qui, dans un lieu où elle n'était pas venue pour faire des réflexions sérieuses, jeta les yeux par hasard sur le portrait d'un Polémon, philosophe fameux pour son changement de vie qui tenait du prodige, et laquelle rentra en elle-même à la vue de ce portrait. Cédrénus raconte qu'un tableau du jugement dernier contribua beaucoup à la conversion d'un roi des Bulgares. Le sentiment de la vue est bien plus vif que celui de l'ouïe, et une image qui représente vivement un objet frappe tout autrement qu'un discours. Saint Grégoire de Nysse avoue qu'il fut touché jusqu'aux larmes par la vue d'un tableau.

Cet effet de la peinture est encore plus prompt pour le mal que pour le bien. La vertu nous est étrangère et le vice naturel. Sans qu'il soit besoin de guides ni d'exemples (et il s'en trouve partout), une pente aisée nous y porte, ou pour mieux dire, nous y précipite. A quoi faut-il donc s'attendre quand la sculpture avec toute la délicatesse de l'art, et la peinture avec toute la vivacité de ses couleurs, viennent animer une passion déjà trop allumée et trop ardente par elle-même? Quels ravages ne causent point dans l'imagination des jeunes personnes ces nudités indécentes, que les sculpteurs et les peintres se permettent si communément! Elles peuvent bien faire honneur à l'art, mais elles déshonorent pour toujours l'artiste.

Sans parler même ici du christianisme, qui abhorre toutes ces sculptures et ces peintures licencieuses, les sages du paganisme, tout aveugles qu'ils étaient, les condamnent presque avec la même sévérité. Aristote, dans ses livres de la République, recommande aux magistrats, comme un de leurs devoirs les plus essentiels, de veiller attentivement à ce qu'il ne se rencontre point dans les villes de ces sortes de statues et de tableaux propres à enseigner le vice, et capables de corrompre toute la jeunesse. Sénèque dégrade la peinture et la sculpture, et leur ôte le nom d'arts libéraux, dès qu'elles prêtent leur ministère au vice. Pline le naturaliste, tout enthousiasmé qu'il est pour la beauté des ouvrages antiques, traite d'action déshonorante et criminelle la liberté licencieuse que se donnait sur ce point à Rome un peintre, d'ailleurs fort célèbre : *Fuit Arellius Romæ celeber, nisi* FLAGITIO INSIGNI *corrupisset artem.* Il fait paraître une juste indignation contre des sculpteurs qui gravaient d'infâmes images sur des coupes et sur des gobelets, pour ne plus boire, en quelque sorte, qu'à travers les obscénités; comme si, dit-il, l'ivresse ne portait pas déja assez, par elle-même, à la débauche, et qu'il fallut encore l'aiguillonner par de nouveaux attraits. *Vasa adulteriis cælata, quasi per se param doceat libidinem temulentia... Ita vina ex libidine hauriuntur, atque etiam præmio invitatur ebrietas.*

Il n'est pas jusqu'aux poètes qui se déclarent vivement contre ce désordre. Properce s'étonne qu'on érige en public des temples à la Pudeur, pendant que l'on souffre dans les maisons particulières des tableaux immodestes, qui ne peuvent que corrompre l'esprit des jeunes vierges, qui sous l'amorce d'un spectacle agréable aux yeux cachent un poison mortel qui pénètre jusqu'au cœur, et qui semblent donner des leçons publiques d'impureté. On ne voyait point, dit-il en finissant, ces indécentes figures chez nos ancêtres; et leurs murailles de leurs appartemens, peintes par des mains impures, ne mettaient point ainsi le crime en honneur, et ne le donnaient point en spectacle. L'endroit est trop beau pour n'être pas ici rapporté en entier.

Templa Pudicitiæ quid opus statuisse puellis,
Si cuivis nuptæ quidlibet esse licet?
Quæ manus obscœnas depinxit prima tabellas,
Et posuit castâ turpia visa domo :
Illa puellarum ingenuos corrupit ocellos,
Nequitiæque suæ noluit esse rudes.
Ah! gemat in terris, ista qui protulit arte.
Jurgia sub tacita condita lætitia.
Non istis olim variabant tecta figuris :
Tum paries nullo crimine pictus erat.

Nous avons vu une ville qui avait le choix de deux statues de Vénus, toutes deux de la main de Praxitèle, c'est tout dire, l'une voilée et l'autre nue, préférer la première, quoique beaucoup moins estimée, parce qu'elle était plus conforme à la modestie et à la pudeur. Que pourrais-je ajouter à un tel exemple? Quelle condamnation pour nous, si nous rougissons de le suivre!

HONNEURS RENDUS

A CEUX QUI SE SONT DISTINGUÉS

DANS

LES ARTS LIBÉRAUX.

Nous entrerons dans l'examen des *arts* qu'on appelle *libéraux*, par opposition aux *mécaniques*; parce que les premiers sont regardés comme plus nobles, dépendant davantage de l'esprit. Ces arts sont principalement l'architecture, la sculpture, la peinture, la musique.

Il est d'heureux siècles où les arts, aussi bien que les sciences, paraissent avec éclat, et jettent une grande lumière : mais comme l'observe un historien, cet éclat et cette lumière s'obscurcissent bientôt, et la durée de ces temps de perfection est ordinairement renfermée dans un assez court espace. Elle a été plus longue dans la Grèce que partout ailleurs. A ne commencer le règne des beaux-arts qu'au temps de Périclès, et à ne le conduire que jusqu'à la mort des premiers successeurs d'Alexandre (et l'on pourrait reculer plus loin ces deux époques de part et d'autre) cet intervalle aura été au moins de deux cents ans, pendant lesquels a paru une foule d'hommes illustres dans tous les arts.

On ne peut pas douter que les récompenses, l'honneur, l'émulation n'aient beaucoup contribué à former ces grands hommes. Quelle ardeur pense-t-on que dut exciter en eux cette louable coutume qui régnait dans plusieurs villes de la Grèce, de donner en spectacle ceux qui réussissent le mieux dans les arts, d'établir entre eux des disputes publiques, et de distribuer des prix aux vainqueurs à la vue et avec les applaudissemens de tout un peuple!

La Grèce, comme on le verra bientôt; se crut obligée de rendre presque autant de respects au célèbre Polygnote, qu'elle aurait pu faire à Lycurgue et à Solon; de lui préparer des entrées magnifiques dans les villes où il avait fait quelques peintures; et d'ordonner par un décret des amphictyons qu'il serait défrayé aux dépens du public dans tous les lieux où il irait.

Quels honneurs les plus grands princes n'ont-ils point rendus dans tous les siècles à ceux qui se sont distingués dans les arts! Nous avons vu Alexandre-le-Grand et Démétrius Poliorcète, oubliant leur rang, se familiariser avec deux illustres peintres, et venir dans leur atelier rendre, en quelque sorte, hommage au rare talent et au mérite supérieur de ces hommes extraordinaires.

Charles V, un des plus grands empereurs qui aient régné en Occident depuis Charlemagne, montra le cas qu'il faisait de la peinture, lorsqu'il fit le Titien comte palatin en l'honorant de la clef d'or, et de plusieurs autres marques de distinction.

Le roi François premier, son illustre rival dans les actions de la paix aussi bien que dans celles de la guerre, enchérit de beaucoup sur lui lorsqu'il dit aux seigneurs de sa cour en faveur de Léonard de Vinci, qui expirait entre ses bras : « Vous avez tort de vous étonner de l'honneur que je rends à ce grand peintre. Je puis faire en un jour beaucoup de seigneurs comme vous : mais il n'y a que Dieu seul qui puisse faire un homme pareil à celui que je perds. »

Des princes qui parlent et qui agissent ainsi, se font du moins autant d'honneur à eux-mêmes, qu'à ceux dont ils relèvent et honorent le mérite. Il est vrai que les arts, par l'estime qu'en témoignent les rois, acquièrent une noblesse et un éclat qui les illustre et les élève : mais les arts, à leur tour, rendent aux rois un pareil service, et les annoblissent aussi en quelque façon eux-mêmes, en immortalisant leur nom et leurs actions par des ouvrages qui passent jusqu'à la postérité la plus reculée.

Paterculus, que j'ai déjà cité sur le peu de durée qu'ont les arts quand ils sont arrivés à leur perfection, fait une autre remarque qui est bien vraie, et attestée par l'expérience soit des siècles reculés, soit des derniers temps : c'est que les grands hommes en tout genre, dans les arts, dans les sciences, dans la politique, dans la guerre, se trouvent ordinairement contemporains.

Qu'on rappelle en sa mémoire le temps où florissaient dans la Grèce les Apelle, les Praxitèle, les Lysippe, et d'autres pareils; c'est alors que vivaient ses plus grands poètes, ses plus grands orateurs et ses plus grands philosophes. Socrate, Platon, Aristote, Démosthène, Isocrate, Thucydide, Xénophon, Eschyle, Euripide, Sophocle, Aristophane, Ménandre, et plusieurs autres, ont vécu à peu près dans le même siècle. Quels hommes, quels généraux grecs de ce temps-là! Vit-on jamais rien de plus accompli?

Le siècle d'Auguste eut la même destinée en tout genre. Sous celui de Louis-le-Grand, quelle foule de grands hommes de toute espèce, dont les noms, les actions, les ouvrages rendront célèbre à jamais le souvenir de ce glorieux règne!

Il semble qu'il arrive des temps, où je ne sais quel esprit de perfection se répand généralement dans un même pays sur toutes les professions, sans qu'on puisse trop expliquer comment et pourquoi cela arrive de la sorte. On peut dire pourtant que tous les arts, tous les talens se tiennent par quelque endroit. Le goût de perfection est le même dans tout ce qui dépend du génie. Si la culture manque, une infinité de talens demeurent ensevelis; lorsque le vrai goût se réveille, ces talens alors, tirant un secours mutuel les uns des autres, brillent d'une manière particulière. Le malheur est que cette perfection même, quand elle est arrivée à son suprême degré, est un avant-coureur de la décadence des arts et des sciences, qui ne sont jamais plus près de leur ruine, que quand ils en paraissent plus éloignés : tant il y a d'instabilité et de variation dans toutes les choses humaines !

FIN DU TOME TRENTIÈME ET DERNIER.

TABLE DES MATIERES

CONTENUES

DANS LE TOME TRENTIÈME.

pages

LIVRE VINGT-TROISIÈME.

Fin de l'histoire de Syracuse.

ARTICLE PREMIER.

ARTICLE II.

FIN DE LA TABLE DU TRENTIÈME ET DERNIER VOLUME.

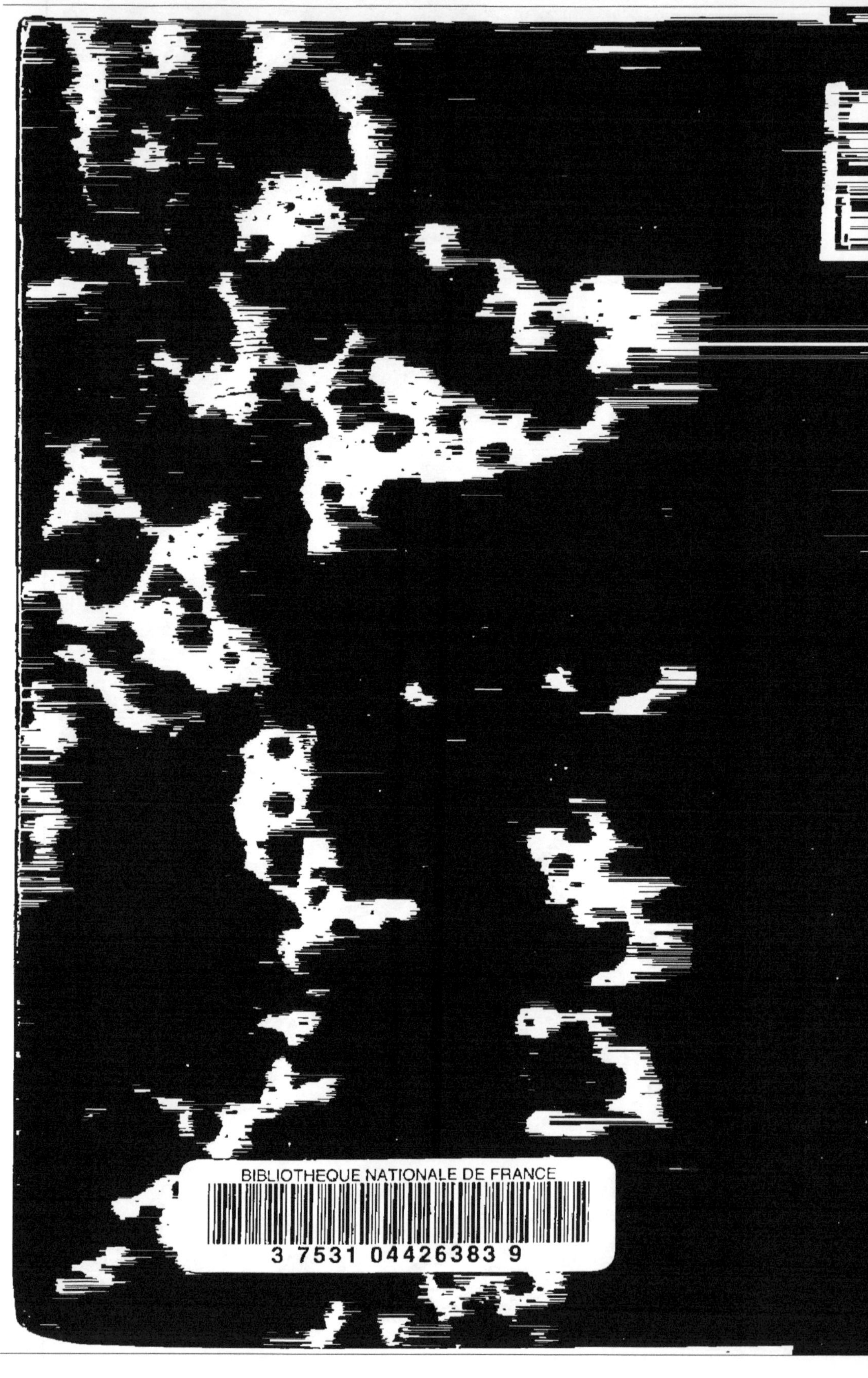

www.ingramcontent.com/pod-product-compliance
Ingram Content Group UK Ltd.
Pitfield, Milton Keynes, MK11 3LW, UK
UKHW021056230726
13926UKWH00004B/1879

9 782014 444315